Prof. Dr. Valentin Reitmajer
Nachtgedanken eines Siebzigjährigen
Oberding: Reimo-Verlag, 2020

AF791888

ISBN 978 – 3 – 942867 – 71 – 9

Am Mitterfeld 3, 85445 Oberding
Tel.: 08122 / 47 99 715
Fax: 08122 / 47 99 714
E-Mail: reimo_verlag@gmx.de
www.reitmajer-verlag.de

Portraitfoto des Autors: Foto Zeiler by Sabine Zeiler-Babisch

08.10.2024

Inspiration, Reflexion, Neugierde, Entspannung, Erleuchtung ....
möge Dir dieses Buch von allem etwas geben ☺!

Viel Spaß beim Lesen, wünscht Dir, zu Deinem ganz besonderen Geburtstag, Antje

Nachtgedanken
eines Siebzigjährigen

Rosti
+ Lebensbaum

von

Valentin Reitmajer

Inhalt

1.0 Vorwort

Jeder Mensch hat ein paar Gewohnheiten, Rituale, Traditionen, manchmal sogar Marotten. Die Übergänge sind fließend. Und natürlich pflege ich auch einige davon, die ich selbst Rituale nenne, Außenstehende diese jedoch durchaus als Marotten bezeichnen könnten.

Am leichtesten nachvollziehbar ist wohl meine Leidenschaft, mir beim Kochen einen Tropfen guten „Roten“ schmecken zu lassen. Ohne meine ich, würde der Kochlöffel streiken. Ausprobiert habe ich es aber noch nicht.

Ähnlich geht es mir beim Lesen, vor allem dann, wenn ich meiner Frau abends im Bett noch vorlese, weil sie seit einer Augen-OP Schwierigkeiten hat, bei künstlichem Licht selbst zu lesen. Dies ist bei uns schon seit Jahren zu einer Art Ritual geworden, das ich auch meine, am besten mit einem Glas Rotwein vollziehen zu können.
Und dabei bin ich schon bei meinem eigentlichen Ritual, über das ich hier berichten möchte und das der Auslöser für dieses Buch ist. Wenn ich mit meinem Vorlesen zu Ende bin, weil die Zeit um oder meine Frau selig eingeschlafen ist, kommt für mich das „Filetstück“ des Abends.

Ich stelle mich vor das geöffnete Schlafzimmerfenster und schaue hinaus in die Nacht, egal ob es draußen stockdunkel, sternenklar oder vollmondhell, warm oder kalt, trocken oder regnerisch ist. Für besonders unwirtliche Witterungslagen, z.B. im Winter, habe ich einen wärmenden Schal und eine Zipfelmütze als „Notausrüstung“ in petto.

Meist ist es inzwischen Mitternacht und es ist draußen ganz still geworden, kein Verkehrslärm, kein Fluglärm. Und da beginnen bei mir die Gedanken zu kreisen, Assoziationen bringen Bilder und Gedanken zum Laufen, die sich oft wie ein Film abspulen. Manchmal empfinde ich dies so intensiv und angenehm, dass es mir schwerfällt, abzubrechen, das Fenster zu schließen und ins Bett zu gehen.

Natürlich sind dies keine Gedanken eines jungen „Springinsfelds“, sondern, der Natur meines Alters von bereits siebzig Jahren entsprechend, Gedanken, die auf ein schon sehr langes Leben zurückschauen und auf die relativ kurze Zukunft vorausblicken. Selbstverständlich spielt hier sehr stark die Vergangenheit herein bezüglich Fragen, wie war das Leben, wo waren Knotenpunkte des Lebens, die den Lebensweg auf ein anderes Gleis hoben oder heben hätten können, wenn ich mich damals anders entschieden hätte oder in anderen Lebenskonstellationen gelebt hätte. Habe ich etwas versäumt zu tun? Oder hatte ich einfach Glück oder das Richtige getan?! Mit viel weniger konkreten Fakten wendet sich mein Blick meiner und der Zukunft aller Menschen zu! Wohin entwickelt sich die Gesellschaft, ja die ganze globalisierte Welt? Wird alles besser oder schlechter? Kommt vielleicht die absolute Katastrophe und die Menschen löschen sich selbst aus? Kann ich als Siebzigjähriger noch etwas bewegen? Oder sollen das die Jungen tun? Denn meine Zukunft ist sehr begrenzt, um nicht zu sagen, sehr überschaubar kurz. Und was ist mit dem Tod? Ist er das absolute Ende? Oder gibt es da noch die von Religionen propagierte Transzendenz, die Ewigkeit? Was ist mit Gott? Gibt es ihn, wie die Religionen nicht müde werden, zu verkünden? Oder müssen wir ohne Gott auskommen?

Und wie gehe ich mit meiner Endlichkeit um? Hierbei höre ich den immer wieder wie ein Mantra vorgetragenen Lehrsatz vieler Psychologen „Das Problem ist nicht das Problem, sondern wie man damit umgeht!“ Aber, wie sollte man das Problem TOD lösen? Mit Angst, Gleichmut oder Freude auf das Kommende? Wer weiß es wirklich? Dies und vieles andere beschäftigt mich, wenn ich nachts eine meditative Schau aus meinem Fenster in die Nacht habe.

Ich möchte Sie daran teilhaben lassen und wünsche Ihnen viele gute Gedanken!

Prof. Dr. Valentin Reitmajer
März 2020

Man muss nichts mehr werden, aber man kann auch nichts mehr werden, dafür aber jeden Tag ausschlafen!

Kühle, stockfinstere Nacht ohne Sterne. Kein Mond ist sichtbar, der Hochnebel wabert, im Garten ist es dunkel, nur die schwarzen Schatten der Bäume und deren Zweige ragen schemenhaft wie schwarze Finger in den Himmel. Fast gespenstisch schimmert der weiße Gartenpavillon schwach ins Dunkel. Es herrscht weitestgehend Stille, nur leicht grummelt der Verkehr aus weiter Ferne. Kein Flugzeuglärm stört die Stille.

*

Die Fenster der Nachbarhäuser sind um diese Stunde nach Mitternacht auch schon längst dunkel, da deren Bewohner früh raus müssen, um zur Arbeit oder Schule zu gehen. Ich habe da seit einigen Jahren schon gut lachen. Mich treibt abends kein schlechtes Gewissen ins Bett. Denn ich muss nicht am nächsten Morgen früh und ausgeschlafen aufstehen, um den Arbeitstag einigermaßen überstehen zu können. Ich kann fast immer aufstehen, wann ich will.

Wenn ich daran denke, dass ich eigentlich seit Beginn meiner Schulzeit und auch die meiste Zeit meines jahrzehntelangen Arbeitslebens um 5.30 Uhr aufgestanden bin, schaudert es mich nachträglich und ich denke mir, welch Glückspilz ich jetzt als Pensionist bin.

Nur die Studienzeit war diesbezüglich angenehmer. Zuerst einmal wurde mit Kommilitonen aus meiner WG in einer alten Villa in München-Obermenzing zum Frühstück zum „Café Höflinger“, einer Institution im damaligen München, gefahren, vorher manchmal sogar schon eine Runde im Hallenbad geschwommen und um 11.00 Uhr in die erste Vorlesung gegangen. Allerdings muss ich auch sagen, dass ich so manche Nacht an Referaten, Seminararbeiten, später an Zulassungsarbeit und Dissertation mit vielen Zigaretten und zig Tassen Kaffee gesessen habe. Von dem Schiss vor Klausuren, mündlichen und schriftlichen Staatsexamensprüfungen und dem mehrere

Stunden dauernden Rigorosum bei meiner Promotion ganz zu schweigen.

Los ging es in der 1. Klasse Volksschule mit einem Schulweg von sechs Kilometern hin und sechs Kilometern zu Fuß zurück, da es natürlich damals auf dem Land in Niederbayern keinen Schulbus gab. Noch etwas gesteigert wurde das frühmorgendliche Ritual im Knabenseminar in Burghausen, wo uns Seminaristen um 5.30 Uhr eine schrecklich schrille Glocke aus den Träumen und den Betten riss, damit wir bereits um 6.00 Uhr früh in der Seminarkirche bei der täglich obligatorischen Messe, noch dazu mit leerem Magen, das Lied „Die güldene Sonne...“schmettern und anschließend, immer noch nüchtern, wie es damals für uns Pflicht war, kommunizieren konnten.

Später als Fahrschüler ging es auch so früh los und als Referendar musste ich bereits um 5.45 Uhr im Zug sitzen, was ein Aufstehen um ca. 4.45 Uhr bedeutete, um pünktlich zum Dienstbeginn um 8.00 Uhr in München zu sein.

Später im Beruf war es eigentlich über drei Jahrzehnte lang nicht anders, vor allem ab da, als ich nach München ins Büro fahren musste. Hier hätte ich zwar auch etwas später aufstehen können, wenn ich in der früh nicht so lange gebraucht hätte, um munter zu werden. Da ich chronisch zu wenig schlief, abends noch einigen Gläsern „Vino Rosso“ zusprach, hatte ich das Ritual entwickelt, jeden Morgen ein Vollbad zu nehmen, um in besonders heißem Wasser langsam „aufzutauen“. Zum Schrecken meiner Frau tauchte ich dabei manchmal auch mit dem Kopf ganz unter Wasser, um die Prozedur auf den Höhepunkt zu treiben oder ich schlief in der Badewanne wieder ein. Nach einer eiskalten Dusche war ich bereit zum Frühstück mit ausgiebiger Zeitungslektüre, was bei mir schon immer, auch heute noch, eine „Conditio sine qua non“ ist, um aus dem Haus gehen zu können. Wie ich dies jahrein, jahraus jahrzehntelang schaffte, ist mir heute noch ein Rätsel!

Und nun kann ich schlafen, so lange ich will!! Und aufstehen, wann ich will!!

Es sei denn, es steht ein früher Arzt- oder Physiotherapietermin an, was leider Gottes immer häufiger vorkommt, wobei ich mich aber dabei ertappe, einen Termin gegen Mittag zu verlangen, um den Eindruck zu erwecken, ich sei noch im Arbeitsleben. Denn ich möchte noch immer „dabei“ und nicht einer dieser alten „Rentner“ sein! Außerdem kann ich so länger im Bett bleiben!

Manchmal erbitte ich mir aber auch einen ganz frühen Termin, denn es macht mir ab und zu Freude, die herrlichen Sonnenaufgänge in aller Frühe zu erleben, im Berufsverkehr „mitzuschwimmen“ und dabei das Gefühl auszukosten, man gehöre noch dazu.

Ein bisschen ermöglicht mir dieses Gefühl auch mein kleiner Verlag, den ich im Hinblick auf die nahende Pension schon vor ca. 15 Jahren gründete.
Ich nannte ihn damals „Reimo-Verlag“, da ich ihn während meiner aktiven Berufszeit noch unter dem Namen meiner Frau (**REI**tmajer **MO**nika) angemeldet hatte, damit ich von der Uni, meinem Arbeitgeber, keine Schwierigkeiten bekommen würde.
Damit bin ich „selbständiger“ Unternehmer, „Firmenchef“ mit Sekretärin geworden! Dass diese nur stundenweise auf Honorarbasis arbeitet wie alle sonstigen Mitarbeiter auch, vom Lektor bis zum Grafiker, weiß ja keiner. Und das macht mein Verleger-Dasein so angenehm, weil ich kaum Druck und Stress, aber eine gewisse regelmäßige Tätigkeit und Mitwirkung am gesellschaftlichen Leben habe. Ich kann kommen und gehen, wann ich will, ich kann den Anrufbeantworter einschalten, weggehen oder sogar verreisen und die Anrufe per Fernabfrage entgegennehmen und beantworten. Bei eingehenden Mails verfahre ich ebenso. Aber ich kann auch gar nichts tun und mal Verlag Verlag sein lassen. Eigentlich super!

Und dabei ist das Schöne, ich **muss** nichts mehr werden!

Aber da höre ich natürlich in meinem Kopf die abtörnende Botschaft, **du kannst auch nichts** mehr werden!

Denn meine diesbezügliche Zeit ist endgültig vorbei!

Schade??!!

Das „Ende“ kommt immer näher!

Die Nacht ist ähnlich wie die vorige. Dunkel und voller gespenstischer Schatten im Garten. Schwarze, spitze Äste ragen wie aufgereckte Arme mit ihren spitzen Krallen in den Himmel. Etwas ist aber heute anders! Ja, der nahe Kirchturm auf einer Anhöhe in der Nähe unseres Hauses ist wegen des heutigen Feiertags noch angestrahlt und leuchtet wie ein heller Finger in den dunklen Nachthimmel. Es ist die Nacht von Allerheiligen auf Allerseelen.

*

Wir waren heute wie jedes Jahr an Allerheiligen in meinem niederbayerischen Heimatort Julbach, in dem ich aufgewachsen bin und den ich nach dem Abitur vor 50 Jahren verlassen habe, um in München an der Ludwig-Maximilians-Universität Theologie und später auch noch Germanistik zu studieren und zu promovieren.

Meine Eltern lebten weiterhin bis zum Tod meines Vaters im Jahr 1985 in ihrem Haus im niederbayerischen Julbach bei Simbach/Inn. Danach zog meine Mutter zu uns nach Erding, wo meine Familie und ich uns nach unserer Münchener Zeit niedergelassen hatten. Aber beide, Vater und Mutter, sind in unserem Familiengrab in Julbach beerdigt.

Seit Jahrzehnten gehört es wie ein Ritual zu meinen, mir sehr wichtigen Gewohnheiten, beim Allerseelen-Gottesdienst und der anschließenden Gräbersegnung in meinem Heimatort Julbach /Inn zugegen zu sein. Da der Andrang an diesem Tag sehr groß ist, denn nicht nur ich, sondern auch viele andere auswärtig wohnende Angehörige von Verstorbenen, strömen an diesem Tag in die Kirche ihrer Heimatgemeinde, sichere ich mir mit meiner mich begleitenden Frau schon ca. eine halbe Stunde vor Beginn des Gottesdienstes einen Platz am Eingangstor, wo jeder Gottesdienstbesucher vorbei muss. Und dann schaue ich, wie viele ich noch kenne, die durch die Kirchentür schreiten, eine Kniebeuge oder einen angedeuteten Knicks

machen oder wie viele Frauen einfach in die Hocke gehen, bevor sie sich möglichst schnell im hinteren Teil der Kirche einen Platz suchen. Obwohl noch ganz vorne mehrere Bänke unbesetzt sind, quetschen sich manche noch mit Gewalt in eine ohnehin schon reichlich besetzte hintere Bank oder sie bleiben einfach stehen, um so dem Gottesdienst beizuwohnen.
Von ca.150 Gottesdienstbesuchern kenne ich höchstens noch 10 %. Manche, wenn sie mich sehen und erkennen, nicken mir grüßend zu oder, allerdings die wenigsten, kommen zu mir her und geben mir die Hand und wechseln ein paar freundliche Worte mit mir.

Langsam füllt sich die Kirche und bei Beginn sitzen sie alle eng nebeneinander, Körper an Körper, in ihren Bänken, fast wie aufgereihte Hühner. Es herrscht totale Stille. Jeder hängt wohl seinen Gedanken nach, insbesondere die, welche erst vor kurzem einen lieben Menschen verloren haben, wie z.B. die Frau von Erich, meinem Cousin.

Die Sakristeiglocke bimmelt, der liturgische Dienst, bestehend aus acht lila gekleideten Ministranten/Innen und einem Pfarrer im prächtigen, lila „Rauchmantel“ ziehen in die Kirche feierlich ein und es erklingt wie jedes Jahr das Lied „Es steht eine arme Seele vor dem himmlischen Tor...“, das meine Mutter noch im hohen Alter mit ihrer feinen und hohen Sopranstimme gerne gesungen hat. Ich höre sie noch heute singen!
Nun werden die Namen und das Alter der Personen vom Pfarrer vorgelesen, die seit dem letzten Allerseelentag in der Pfarrei verstorben sind. Eine Ministrantin zündet zu jedem genannten Namen eines der zu diesem Zweck auf dem Altar aufgereihten roten Grablichter an. Ich denke mir bei jeder Altersnennung, wie viele Jahre ich bereits darüber hinaus bin bzw. wie viele Jahre ich noch hätte, wenn ich im Alter des Verstorbenen sterben würde. Und da gruselt es mich jedes Jahr mehr. Waren es in früheren Jahren oftmals noch Jahrzehnte, die mir nach dieser Rechnung noch zu leben blieben, verbleiben mir heute als voraussichtliche Lebenszeit meist nur noch Jahre im einstelligen Bereich. Diese Gedanken lassen mich erschauern.

Nun folgen Gebete und die Predigt des Pfarrers. Darin beschwört er oftmals die Hoffnung auf die Auferstehung von den Toten, die ewige Seligkeit bei Gott, die ewige Ruhe und das ewige Leben, das auf uns wartet so, wie wenn der Glaube daran eine selbstverständliche, unumstößliche und nicht hinterfragbare Tatsache wäre. Natürlich widerspricht keiner!

Die Dörfler sitzen oder knien vielmehr mit gekrümmten Rücken still da und ich würde etwas dafür geben zu wissen, was sie denken oder ob sie daran glauben, was der Pfarrer beschwört.

Wie schnell sind die Jahre vorbeigeglitten! Ich denke daran, wie ich vor 60 Jahren noch auf den Stufen des Hochaltars beim Ministrieren kniete und wie großartig mir die vor mir ausgebreitete Zukunft erschien, als mein damaliger Ortspfarrer mich fragte, ob ich nicht so etwas werden möchte wie er. Es hat zwar nicht ganz in seinem Sinne geklappt. Aus mir wurde wohl ein gelernter Theologe, aber kein Priester, wie er es sich wohl erträumt hatte. Aber ohne ihn wäre aus mir nie im Leben aufgrund meiner sehr einfachen Herkunft und als Flüchtlingskind ein promovierter Akademiker und schließlich gar noch ein Professor geworden. Und er hat es mich nie in irgendeiner Weise fühlen lassen, dass sein Traum nicht in Erfüllung gegangen war. Ein großartiger Mann, voll Einfachheit, tiefer Bescheidenheit und Güte, wie es selten einen gibt!

Alle Gottesdienstbesucher gehen nun zu den Gräbern ihrer Verstorbenen und bleiben dort mehr oder weniger still und nachdenklich stehen, bis der liturgische Dienst mit dem Weihwasser sprengenden Pfarrer vorbeigezogen ist. Ich stehe mit meiner Frau am Grab meiner Eltern und versuche mich auf sie zu besinnen, die da unten im Grab liegen, Vater ist schon seit 33 Jahren tot, Mutter auch bereits 24 Jahre lang. Ich stelle mir kurz vor, wie sie jetzt wohl aussehen, verfault und vermodert, wahrscheinlich nur mehr aus Knochen und kahlen, von Fäulnis zerfressenen Schädeln bestehend. Sie, die mir das Leben schenkten, in einer Zeit, als nur ein knappes Jahr vorher ihr neunjähriger, über alles geliebter Sohn auf tragische Weise tödlich verunglückt war, und die alles für mich taten, was sie nur konnten. Sie haben mich fast abgöttisch geliebt, was zwar großartig, aber für mich auch nicht immer ganz einfach war.

Ich halte die Vorstellung ihres jetzigen Zustandes in ihrem Grab nicht länger aus. Mein innerer Blick kehrt aus der Tiefe des Schrecklichen wieder zurück. Und diese Zukunft hast du nun und schon immer als sterblicher Mensch auch vor dir, geht es mir ganz schmerzlich durch den Kopf. Vielleicht noch heute, morgen oder in zehn oder vielleicht sogar noch mehr Jahren liegst du auch so da. Aus. Fertig. Das war´s dann! Eine schreckliche Zukunft für jeden von uns Menschen!

Carpe diem! Genießen, genießen, wann immer und so lange es geht!

Eine klare Nacht im November. Auf tiefblauem Grund leuchtet hell ein Halbmond, wobei ich trotz meiner 70 Jahre noch immer nicht weiß, ob er zu- oder abnehmend ist. Eine große, dunkle Tanne im Garten, die ihn stellenweise verdeckt, breitet ihre mächtigen „Arme“ wie eine schwarze Riesin aus. Trotz dieses verdunkelnden Schattenrisses gibt sich der Mond, wenn auch nur mit halber Kraft, redlich Mühe, die Landschaft in ein fahles Licht zu tauchen. Morgen könnte es ein schöner Tag werden.

*

Als wir am nächsten Morgen die Rollos hochziehen, gleißt uns eine sonnenbestrahlte Landschaft entgegen, die so richtig leuchtet. Früher verdross mich so etwas manchmal ein wenig, weil ich natürlich trotzdem zur Arbeit musste. Heute kann ich meine Verlagsarbeit jedoch jederzeit sein lassen und eine Variante mit noch mehr Genuss anpeilen. Denn als Verleger, der ich nach meiner Pensionierung geworden war, verschaffe ich mir zwar viel Befriedigung und meine Arbeit macht mir natürlich auch eine Menge Spaß, aber einen spontanen Ausflug an so einem „geschenkten“ Tag zu genießen, lasse ich mir trotzdem nicht nehmen. Denn „Genuss ist Leben“ und macht auch ganz wesentlich dessen „Sinn“ aus. Und „wer nicht genießen kann, der ist nicht genießbar!“, singt Konstantin Wecker in einem seiner wunderbaren Lieder. Und recht hat er! Bleibt das Problem, dass natürlich nicht jeder auf der Welt „genießen“ kann, weil so manches, wofür er meist gar nichts kann, sich dagegen stellt.

Dies wird später noch Thema sein, soll uns aber jetzt nicht davon abhalten, unseren Ausflug zu planen. Denn wer ist denn schon in einer so beneidenswerten Situation, einfach so, ganz spontan und ohne lange zu überlegen, an einem normalen Arbeitstag losfahren zu können?!

Millionäre vielleicht? Oder Großerben, die so reich sind, dass sie nichts mehr arbeiten müssen und selbst die Verwaltung ihres Vermögens anderen überlassen können? Die können das natürlich auch! Obwohl solche Leute mit ihrem unendlichen Reichtum nicht selten auch gewisse Sorgen plagen: Ist mein Geld auch optimal angelegt? Betrügt mich auch keiner? Liebt man mich oder meinen Reichtum?!

Ich glaube, dass ich zwar mit diesen „Sorgen“ sehr gut leben könnte. Aber diese „Sorgen“ plagen mich leider oder Gott sei Dank nicht! Dennoch oder gerade deshalb kann ich mich nun als einigermaßen gut situierter, aber natürlich nicht reicher Pensionär mit meiner Frau völlig sorgenlos auf den Weg machen.

Wir fahren zum Schliersee im bayerischen Alpenvorland von dem wir ca. eine gute Autostunde entfernt wohnen. Wir nehmen absichtlich die Landstraße, um uns nicht von Rasern stressen zu lassen und um mehr zu sehen, denn wir haben ja Zeit! Nichts hetzt und stresst uns! Was ist das für ein Vorzug und Geschenk?! Wer hat das schon?! Die jetzt am Schreibtisch sitzen oder in einer Werkstatt arbeiten jedenfalls nicht!

Bereits die Hinfahrt ist sehr schön. Durch die herrliche Landschaft des Alpenvorlands gemächlich zu „schaukeln“, die weidenden Kühe auf den noch immer grünen Wiesen zu genießen und sich an den mit fantasievollen Malereien verzierten Giebeln und den noch immer blühenden Balkonblumen der vorbeiziehenden Anwesen und Bauernhöfen im Alpenstil zu erfreuen, ist Genuss pur.

Und die Sonne gleißt! Die Landschaft leuchtet! Und das im November!? Ist das nicht Genuss pur?! Und wir dürfen so etwas erleben! Eigentlich jeden Tag, wenn das Wetter und die Gesundheit mitmachen.
Beides ist uns aber nicht jeden Tag vergönnt! Es ist nicht nur das manchmal schlechte Wetter. Es sind schon auch die verschiedenen körperlichen Beschwerden, die das Alter mit sich bringt oder bringen kann. Und es ist ja völlig ungerecht, wie diese Beschwerden

verteilt sind. Der eine tanzt noch mit 70 Jahren Rock and Roll, der andere liegt bereits mit 40 Jahren jahrelang im Koma und kein Mensch weiß, wie es enden wird. Wieder ein anderer überlebt mit Ende Zwanzig seinen aggressiven Krebs nicht oder verunglückt tödlich, ohne die geringste Schuld daran zu haben, während es so manchem vergönnt ist, mit 95 oder 100 Jahren und einem erfüllten Leben friedlich einzuschlafen.

Nun liegt der Schliersee vor uns. Ein wunderbarer Anblick! Und noch immer lacht die Sonne vom Novemberhimmel!

Zufällig bekommen wir direkt an der Talstation der kleinen Seilbahn zu der ca. 500 Meter über dem See gelegenen Schlierseebergalm einen Parkplatz. Und in fünf Minuten sind wir oben und haben das Glück, in der ersten Reihe der Caféterrasse noch einen Tisch mit herrlicher Aussicht auf den unter uns liegenden Schliersee zu ergattern, dessen Oberfläche sich im Sonnenschein wunderbar spiegelt.

Ein herrlich schmeckendes Tortenstück und eine belebende Tasse Kaffee machen den Genuss vollkommen. Und die Sonne, die uns auf den Pelz brennt, ist himmlisch.

Hier kann man es aushalten! Heute ist aus „Schatten“ purer „Sonnenschein“ geworden! Hoffentlich bleibt es lange so! Wer weiß?

Schon Morgen kann es ganz anders sein!?

Das Leben ist „schrecklich-schön"! Man muss es mit allen Sinnen „einsaugen", falls und so lange es geht!

Der Halbmond ist heute Nacht irgendwohin verschwunden. Zumindest sehe ich ihn nicht mehr von meinem Fenster aus. Trotzdem ist der Himmel ganz hell, die Nebel der vergangenen Nächte haben sich verzogen und die Sterne glitzern. Und das im als düster verschrieenen November! Na ja, vielleicht sind das schon Auswirkungen des allgemein beklagten Klimawandels, zur Abwechslung einmal positive!?

*

Das sieht nach schönem Wetter aus. Und prompt, am nächsten Morgen strahlt die Sonne. Nochmal ein „geschenkter Tag"! Den wollen wir nicht ungenutzt verstreichen lassen!

Ganz spontan machen wir uns zu einer Spritztour in den eineinhalb Stunden Fahrzeit entfernten Bayerischen Wald auf. Bunt verzaubertes Laub zwischen den dunkelgrünen Tannen, schöne Aussichten auf Berge und in Täler, das Auf und Ab des Weges und das wunderschöne Barockkloster Metten auf der Rückfahrt faszinieren uns. Wir sind froh, unsere Zeit so genutzt zu haben.

Wir haben beide vor einigen Monaten unseren 70. Geburtstag gefeiert bzw. feiern dürfen. Das ist ja heute gar kein Alter, meinten die Gratulanten voller Euphorie und prosteten uns auf die nächsten 70 Jahre zu. Diese wohlmeinenden Phantasten!

Natürlich haben sie insoweit recht, dass die Lebenserwartung unserer Generation ganz erheblich im Vergleich zu früher gestiegen ist. Und das ist gut so, nein, es ist super, zumindest für uns! Was würden unsere Vorfahren wohl dazu sagen, die bereits viel früher den Löffel abgeben mussten?! Ganz schön ungerecht würde ihnen das wohl vorkommen. Aber auf dieser Welt gibt es wohl wenig Gerechtigkeit.

Wenn dahinter ein Herrgott steckt, wie es uns die Kirchen glauben machen wollen, dann finde ich das schon merkwürdig, wie der mit der Welt und seinen Geschöpfen umgeht, oftmals total willkürlich erscheinend.

Ich meine, das Allermeiste im Leben sind die bereits im Samen beim pflanzlichen oder beim menschlichen und tierischen Leben in der vereinigten Ei- und Samenzelle festgelegten Informationen. Alles andere ist wohl hauptsächlich Zufall, sieht man einmal vom Gesundheit raubenden Lebenswandel ab. Max Frisch hat dieses „Prinzip Zufall“ im Leben in seinem weltberühmten Roman „Homo Faber“ trefflich dargestellt.

Und weil ich nicht weiß, welche Gene in mir stecken und welchen Zufällen ich noch ausgeliefert sein werde, möchte ich die mir noch verbleibende Zeit optimal nutzen, um so viel wie möglich vom Leben „einzusaugen“. Darunter verstehe ich, dass ich alles daransetze, möglichst viel von diesem „schrecklich-schönen“ Leben in mich aufzunehmen.

Meine Frau und ich sind schon immer sehr gerne und so oft wie möglich verreist. Wenn es ging, vier bis sechs Wochen im Jahr. Seit ich pensioniert bin, habe ich das Gefühl, das Verreisen noch intensivieren zu müssen, da der allergrößte Teil meines Lebens ja bereits Vergangenheit ist. Ja, ich verspüre oftmals einen Drang, fast einen inneren Zwang, mir die Welt und deren Kulturen und Naturschönheiten durch Reisen „einzuverleiben“.

Denn mit 70 Jahren hat man nicht mehr viel Zeit vor sich! Für diese Aussage geißelt mich jeder, dem ich dies sage, mit Vorwürfen wie, ich sei ein Pessimist und Sauertopf, denn was sind heute schon 70 Jahre!? Da ist ja noch viel mehr drin!

Das stimmt nach meiner Rechnung nur für wenige! Nehmen wir mal an, dass der Mensch, wie es schon in der Bibel steht, mit Glück 80

Jahre oder sogar noch älter wird. Mit guter Gesundheit hat man dann mit 70 Jahren noch in etwa fünf oder sieben gute Jahre vor sich.

Danach beginnt der von mir gern als „Mansardenjahre“ bezeichnete Lebensabschnitt, ab dem der Mensch oftmals mit „Alterszipperleins“, wie man gerne verniedlichend sagt, nicht selten aber mit schweren, vielleicht sogar todbringenden Krankheiten zu kämpfen hat.

Das ist meiner Meinung nach kein destruktiver Pessimismus, sondern eine realistische Sichtweise. Und deshalb glaube ich, die noch verbleibende Zeit besonders nutzen zu müssen, um die Welt immer noch mehr kennen zu lernen. Die Welt „einsaugen“, wie ein Baby die Muttermilch einsaugt und dadurch am Leben bleibt und immer noch mehr in das Leben eindringt. Das möchte ich auch, denn ich habe nur dieses eine Leben! Und das möchte ich „auszuzeln“, wie man in Bayern zu „aussaugen“ sagt.

Hierbei fällt mir aber die Geschichte mit dem kleinen Jungen ein, der mit einem Löffelchen das Meer ausschöpfen wollte. So ist es auch mit dem Leben. Man kann immer nur ein Stückchen davon erhaschen.

Einer frisst den anderen! Das ist das Prinzip unserer Welt. Und dennoch will keiner von ihr lassen!

Wechselhaftes Wetter. Die gestern noch sternenklare Nacht besteht heute nur noch aus Nebelschwaden und Dunkelheit. Eine trübe Stimmung beschleicht mich, wenn ich dies durch mein Fenster sehe.

*

Diese Stimmung wurde heute durch ein Erlebnis verstärkt, das mich nachdenklich macht. Wir haben keine Katzen und brauchen auch keine, weil die Katzen der Nachbarn gern und oft durch unseren Garten streunen. Mir gefällt dies und ich sage dann immer aus Spaß, sie gehen zur „Arbeit“ und dies nicht nur nachts, sondern auch am Tag.

So auch heute früh. Vom Frühstückstisch aus sehe ich eine der Katzen unserer Nachbarn mit einer sich in Todesangst windenden Maus im Maul, deren langes dünnes Schwänzchen noch heraus baumelt, zufrieden und triumphierend, wenigstens sieht es für mich so aus, einem Strauch zustreben.
Dort lässt sie die Maus für kurze Zeit aus dem Maul auf den Boden fallen, wo sich die Arme im Todeskampf noch windet, um sie dann wieder zu packen, wieder auszuspucken und dann genüsslich zu fressen.

Wie schrecklich, geht es mir durch den Kopf! Und gleichzeitig kommt mir meine alte Theorie wieder hoch, dass dies ganz natürlich ist. So ist die Welt eingerichtet: Einer frisst den anderen!
Die Henne den Wurm, die Henne der Fuchs und so weiter! Auch der Mensch „frisst“ die Tiere, nur ein bisschen vornehmer mit Messer, Gabel und Serviette. Und er muss sie in der Regel nicht selbst umbringen, das machen natürlich Metzger oder Jäger für ihn.

Dass sich Menschen tatsächlich gegenseitig „fressen“, kommt in sog. „zivilisierten“ Gesellschaften wie der unseren, nur selten vor, aber es gab und gibt den Kannibalismus auch noch heute bei uns.

Man denke an schreckliche Mordprozesse, in denen Mörder vor Gericht stehen, die ihr Opfer, nachdem sie es getötet haben, “essen“ oder an die Berichte von abgestürzten Flugpassagieren, die sich in totaler Verzweiflung gegenseitig töten und „auffressen“, um ihr Leben zu retten.

Fast schon legitim, früher und auch heute noch gelegentlich als Heldentat gefeiert, ist das gegenseitige Morden in Kriegen, heute noch massenhafter als früher, vor allem durch immer raffiniertere Techniken des kriegerischen Tötens, z.T. per Knopfdruck.

Aber Menschen „fressen“ sich auch im übertragenen Sinn durch ihr aggressives, oft äußerst abartiges und böswilliges Handeln dem Mitmenschen gegenüber auf. Beispiele hierfür gibt es genügend im Familien-, im Berufsleben und im gesellschaftlichen Miteinander oder besser im Gegeneinander.

Aber auch die pflanzliche Natur „frisst“ sich gegenseitig auf, allerdings ohne Blut zu vergießen und mit anderen Mitteln als Mensch und Tier. Pflanzen, Sträucher und Bäume nehmen ihren „Konkurrenten“ nicht auf einmal, sondern langsam das Leben, indem sie ihnen das Sonnenlicht nehmen, sie überwuchern und somit quasi „ersticken“. Die „Großen“ halten die „Kleinen“ klein. So ist es auch bei den Menschen.

Warum ist das so? Warum besteht so eine Welt, in der einer den anderen frisst? Und dies, obwohl die Welt unwahrscheinlich intelligent und in höchstem Maße durchdacht funktioniert, wie es die Naturwissenschaften immer feinsinniger herausarbeiten! Intelligentes „Durchdachtsein“ ist aber per se noch kein Garant für „gut“ oder „schlecht“, positiv oder negativ“!!

Theologen sagen, das Böse kommt vom Teufel, denn von Gott kann nur Gutes ausgehen! Wer aber hat nach Aussage der Theologie die Welt erschaffen, so grausam wie sie ist? Natürlich Gott! „Und er sah,

dass es gut war“, was er geschaffen hatte, wird Gott im Schöpfungsbericht des Alten Testaments in den Mund gelegt.
Und an entscheidenden Stellen der Hl. Schrift, z.B. in der Apokalypse, wird das „Reich Gottes“ dann als vollendet beschrieben, wenn das „Lämmlein“ friedlich beim „Löwen“ liegen wird, wie es im Paradies vor dem angeblichen „Sündenfall“ von Adam und Eva der Fall gewesen sein soll. Das „Lämmlein“ ist in dieser Welt niemals friedlich beim „Löwen gelegen!! Die Welt ist von Anfang an so grausam geschaffen, dass einer den anderen frisst! Und zwar von Gott geschaffen, wenn man den Theologen glauben will.

Diese Erkenntnis im Alter zu haben, bedrückt mich. Denn das ist schon ein Schlag ins Kontor, wenn sich die Schwärmerei von der wunderbaren und herrlichen Natur, wie sie uns in unserer Sozialisation, getragen von Kirche, Staat, Familie und Schule, eingeprägt wurde, als Schwindel herausstellt. Zumindest zum Teil und für mich nicht erst zum jetzigen Zeitpunkt!

Und es ist auch eine Erkenntnis über Gott, der angeblich die Welt genauso wie sie ist, nämlich weitgehend grausam, gemacht hat. Da frage ich mich, will ich zu so einem grausam schaffenden Gott voller Vertrauen aufschauen oder gar zu ihm „im Tod „heimgehen“, wie es auf Todesanzeigen oft so schön steht?! Gibt es überhaupt einen personalen Gott und noch dazu so einen? Oder ist hier nur ein „schaffendes Prinzip“, ein „Es“ und nicht ein personales Wesen am Werk, das nicht auf Wohl und Weh der von ihm „produzierten“ Welt schaut?

Allerdings ist es auch hier wie überall. Alles hat zumindest zwei Seiten. Das Leben und natürlich auch die Natur! Und selbstverständlich ist sie oftmals eine Offenbarung an Schönheit und tollem Erleben, wenn man sich von ihr faszinieren lässt, was zum einen von der Stimmung, zum anderen von der Fähigkeit, Schönes sehen zu können, abhängt.

Unvergesslich ist mir die enthusiastische Stimmung von Wolfgang Goethe, als er bis über beide Ohren verliebt, in seinem „Mai"-Gedicht schwärmt: „Wie herrlich leuchtet mir die Natur! Wie glänzt die Sonne! Wie lacht die Flur!" Und einige Verse weiter kommt der Grund für seinen Natur-Enthusiasmus: „O Mädchen, o Mädchen wie lieb ich dich!" Fast jeder von uns hat wohl dieses Glücksgefühl schon mal erlebt, in dem er die ganze Welt umarmen hätte wollen und den Himmel voller Geigen gesehen hat.

Es gibt aber noch etwas anderes, das uns die Schönheit der Natur erfassen lässt. Man muss sich dazu auf Wunderbares einlassen, sich Zeit nehmen und Gelegenheiten dazu suchen.

Denn ohne Zweifel kann man das Wunderschöne und das Wunderbare der Natur sehen und erkennen. Dabei darf man eben nicht immer „NUR" auf das „Schreckliche" starren, das natürlich auch existiert, wie wir gesehen haben. Nur darauf zu starren, ist für den Menschen längerfristig nicht lebbar sowie aushaltbar und macht auf Dauer depressiv und krank.

Im Barock gab es das sog. „Vanitas"-Motiv. Auf der Vorderseite, z.B. einer Figur, ein wunderschönes Gesicht, dahinter ein schrecklich anzusehender Totenschädel. Das folgende Bildnis aus Johann Caspar Lavaters „Physiognostischen Fragmenten" (1775 - 1778) veranschaulicht dieses Motiv auf drastische Art und Weise.

Auch hier gilt: Wo viel Licht ist, da ist auch viel Schatten. Beide gehören zusammen! Das ist die Spannung, in der sich die Welt und damit auch der Mensch bewegt.

Diese Spannung muss man aushalten (können)!

Es sei denn, man glaubt an einen, die Menschen liebenden Gott, der die Welt wunderbar geschaffen hat, es gut mit uns meint und als treuer Gott zu seinen Versprechen steht. Alles Böse und Schlimme kommt vom Teufel oder vom Menschen, was von seinem Sündenfall im Paradies herrührt. Man nennt dies „Erbsünde“. Mit so einem Glauben lebt es sich sicher leichter und einfacher als mit dem ständigen Hinterfragen und Aufdecken des Hässlichen hinter dem Schönen. Gläubige Menschen sollen ja sogar älter werden als Ungläubige, hört man hie und da von Forschern.

Ich beneide solche Menschen, fürchte aber auch, dass sie oftmals in eine Art von Schizophrenie geraten, wenn sie einerseits im Alltag und Beruf, also in der Realität, rational denken, agieren und reagieren, aber in Glaubensdingen mystisch und irrational.

Ich könnte das nicht aushalten! Aber, was weiß ich schon? Sokrates soll einmal gesagt haben: „Ich weiß, dass ich nicht(s) weiß!“ Dem schließe ich mich an.

Und Martin Luther meinte einmal sinngemäß, als man ihn über Gott und die von ihm geschaffene Welt befragte:

Mit Gott und der Welt ist wie bei einem Eisberg. Wir sehen nur die Spitze, die aus dem Meer herausragt. Das Meiste, das unter der Meeresoberfläche liegt, bleibt uns aber verborgen.

„Wer jetzt kein Haus hat, baut sich keines mehr…!“ (Rainer Maria Rilke)

Heute sehe ich keinen Mond, aber viele klare Sterne am Himmel. Die Sicht ist glasklar, aber die Luft eiskalt. Es fröstelt mich und ich habe bald den Wunsch, das Fenster zu schließen und mich in meinem Bett einzumümmeln und die angenehme Wärme in unserem Haus zu genießen.

*

Mein Gott, geht es mir durch den Kopf, wer bei diesem Wetter kein Zuhause hat und vielleicht sogar im Freien unter einer Brücke oder in einem kalten Bretterverschlag die Nacht verbringen muss, der ist wirklich zu bedauern.

Da fällt mir eine Zeile aus dem Gedicht „Herbsttag“ von Rainer Maria Rilke ein: „Wer jetzt kein Haus hat, baut sich keines mehr. Wer jetzt allein ist, wird es lange bleiben...“. Ich konzentriere mich nicht mehr darauf, wie das Gedicht weiter geht, weil ich unwillkürlich bei diesen Versen an meinen Vater denken muss, dessen Mahnung an uns Kinder immer lautete: „Schaut, dass ihr einmal einen eigenen Türstock habt!“

Um ihn und sein dahintersteckendes Denken zu begreifen, muss man wissen, dass er wie damals so viele Menschen mit seiner Familie ein Opfer der unmenschlichen, ja verbrecherischen Politik Adolf Hitlers und des Nazi-Unrechtsregimes war. Meine Eltern kamen gegen Ende des 2. Weltkrieges als Flüchtlinge nach Deutschland und verbrachten ab ihrem Verlust der Heimat ungefähr 15 Jahre ihres Lebens in einem Flüchtlingslager oder als ungeliebte Untermieter in einem einzigen Zimmer, die letzten drei Jahre in zwei Zimmern, bei Bauern, denen sie von den Behörden zugewiesen worden waren. Natürlich war darüber niemand erfreut! Die Bauern nicht und die Flüchtlinge erst recht nicht.

Erst nach fast eineinhalb Jahrzehnten gelang es meinen Eltern, in Niederbayern unter größten Mühen und Anstrengungen und mit enorm viel eigener Arbeitsleistung ein Häuschen zu bauen, das trotz seiner Einfachheit der größte Stolz meines Vaters war. Denn nun hatte er seinen „eigenen Türstock"! Keiner hatte ihm hier mehr etwas zu sagen und keiner konnte ihn davon vertreiben.

Mit diesem Gedankengut vom „eigenen Türstock" und damit vom eigenen Haus wuchs ich auf und war sicher davon so sehr geprägt, dass ich schon mit 29 Jahren meine Frau sachte dazu drängte, uns ein Reihenhaus zu kaufen, das wir nach 10 Jahren für ein von uns selbst entworfenes freistehendes Haus verließen, denn ich hatte den Spleen und habe ihn immer noch: Ich möchte um mein Haus herumgehen können und nicht Terrasse an Terrasse mit dem Nachbarn sitzen müssen.

Mittlerweile haben wir das neue Haus bereits seit mehr als 30 Jahren und es ist schon längst abbezahlt, Rate für Rate, da wir beide nichts bzw. kaum etwas geerbt haben. Und wir sind sehr glücklich, in so einem, immer noch wirklich schönen, nach unseren Vorstellungen von einem befreundeten Architekten entworfenem Heim wohnen zu dürfen, vor allem seit unserer Pensionierung. Denn wir brauchen im Alter keine Kündigung oder Mieterhöhung zu fürchten, was in unserer Wohngegend im Speckgürtel von München von besonders großer Bedeutung ist. Denn die Mieten sind in diesem Bereich sehr hoch und steigen in den letzten Jahren für den Durchschnittsverdiener in langsam unerschwingliche Höhen. Nicht wenige müssen in billigere Wohngegenden wegziehen, wenn sie in Rente gekommen sind, da sie sich dann die hohen Wohnkosten noch viel weniger leisten können als in ihrer aktiven Zeit. Das ist sicher oft schmerzlich, wenn man etwas verlassen muss, in das man im Laufe der vielen Jahre hineingewachsen ist. Freunde, Vertrautes, einfach Heimat und Beheimatung.

Es ist wirklich heutzutage zu einem Skandal geworden, dass sich nicht einmal Akademikerpaare mit zwei sehr guten Einkommen, wie es beispielsweise bei unseren Kindern der Fall ist, in München ein eigenes Haus oder eine größere Eigentumswohnung leisten können. Was tun da erst diejenigen, die nicht so gut verdienen und nichts geerbt haben?! Was Hartz IV-Empfänger?! Die Schere zwischen Arm und Reich geht immer weiter auseinander, bis sich die zu kurz Gekommenen wehren. Aber so groß ist diese Wahrscheinlichkeit nicht, da Bert Brechts Slogan „Die dümmsten Kälber wählen ihre Metzger immer selber!" immer noch zutrifft.

Wir aber freuen uns trotzdem, wir bitten um Nachsicht, immer noch riesig über unser Haus und fühlen uns darin sehr wohl. Es ist wie unser „Schiff", sagen meine Frau und ich manchmal, in dem wir geborgen und geschützt durchs Leben „schippern" können. Gerade in persönlich oder gesundheitlich schwierigen Zeiten fühlen wir uns in unserem Refugium besonders geborgen und sind dafür sehr dankbar.

Natürlich haben wir es nicht geschenkt bekommen! Wir haben es uns erarbeitet und erspart, aber, und das ist das Glück, wir waren finanziell immer in einer Situation, dass uns unser Haus nicht die „Butter vom Brot" genommen hat, wie man so schön sagt. Wir sind trotzdem viel gereist und mussten uns in keiner Weise dafür krummlegen.

Dies war aber weder mir als Flüchtlingsbub, noch meiner Frau, in die Wiege gelegt, die zwar in der Großstadt München, aber dennoch in recht einfachen und bescheidenen Verhältnissen aufwuchs. Ich hatte das Glück, dass mein Heimatpfarrer bei der Suche nach „Pfarrer-Nachwuchs" mich als geeigneten Kandidaten ansah und mich somit auf die akademische Laufbahn setzte, die für mich und meine Eltern nicht einmal im Traum in Frage gekommen wäre. Obwohl ich nicht ganz die Erwartungen meines Pfarrers erfüllte, war er mir bis zu seinem Tod wie ein geistiger Vater verbunden.
Monika, meine Frau, kam erst über verschiedene Umwege, aber auch letztlich durch ihr soziales Engagement in ihrer Pfarrei dazu, dass sie nach ihrer Bibliotheksausbildung zum Studium der Sozialpädagogik und später noch der Familientherapie gelangte.

Aus Mitgefühl, aber auch, weil wir beide meinen, eine Bringschuld zu haben, engagieren wir uns seit mehreren Jahren in der Flüchtlingshilfe, vor allem seit in unserem Dorf, ca. 1 km von uns entfernt, Container für ca. 100 Asylbewerber aufgestellt wurden. Bei unseren Besuchen in diesen Unterkünften, aber auch in anderen Flüchtlingsunterkünften in unserem Landkreis, erleben wir die oftmals unerträgliche Wohnsituation dieser Menschen. Aber wenigstens haben sie eine schützende Unterkunft mit ausreichend Essen und Sicherheit.

Wenn man dagegen Bilder von Flüchtlingscamps, z.B. im Jemen, Syrien und anderswo, sieht oder auch die menschenunwürdigen „Behausungen“ dieser verfolgten armen Kreaturen, falls man dieses Wort überhaupt dafür verwenden darf, die noch dazu Gewalt und dem Inferno des Bombenhagels ausgesetzt sind, dann fragt man sich, was das für eine Welt ist, in der wir leben?

Eine Welt des Teufels? Eine Welt Gottes dürfte wohl nicht so aussehen?!

Oder doch!?

Irgendwie ist es ein unverdienter Zufall, dass man noch am Leben ist, während so manche Weggefährten schon tot sind!

Heute ist es draußen in unserem Garten und in der ganzen Umgebung so dunkel, dass man die Hand vor dem Gesicht nicht mehr klar erkennen kann. Nur die schwarzen, wie spitze Finger in den Himmel ragenden Äste unserer Bäume sind im Nebel wie zerfasernde Schattenrisse zu erkennen, da sie von einer weit entfernten, funzelnden Straßenlampe schemenhaft von hinten angeleuchtet werden.

*

Wir sind erst heute Abend von unserer eintägigen Verlagsreise zu einer Kundin im Nachbardorf meines niederbayerischen Heimatortes Julbach zurückgekehrt. „Kundin" ist zwar dem Sachverhalt angemessen, denn sie will in meinem Verlag ein Buch schreiben. Sie ist aber noch mehr! Sie besuchte vor ca. 60 Jahren zusammen mit mir die 3. und 4. Volksschulklasse. Ich wechselte danach an das Gymnasium, sie blieb an der Volksschule bis zum Abschluss nach der 8. Jahrgangsstufe.

Natürlich besprachen wir diese gemeinsame Zeit und sie erzählte mir anhand eines herbei gebrachten Klassenfotos aus dieser Zeit, was aus den Mitschülern geworden ist. Bei nicht wenigen sagte sie, indem sie mit dem Finger auf den oder die zeigte, der oder die ist schon gestorben. Durch einen Verkehrsunfall, durch Krebs oder aufgrund einer sonstigen Tod bringenden Krankheit haben sie ihr Leben so früh lassen müssen.

Das ging mir schon recht nahe, wenn ich plötzlich hörte, dass ein gleichaltriger Schulkamerad, neben dem ich mal gesessen bin, zum Teil schon seit Jahren nicht mehr lebt. Da ist Hansi, der mit mir ministrierte und mit ca. 55 Jahren in der Dorfwirtschaft tot vom Stuhl fiel. Herbert, der ebenfalls Ministrant war, ließ sich mit ca. 60 Jahren am Knie operieren, schnappte einen Krankenhauskeim auf und starb.

Ein weiterer Mitschüler, der Seppi, sprang vom Sprungbrett aus in einen Badeweiher, tauchte unter und kam nicht mehr hoch. Herzinfarkt, tot!

Ich könnte die Reihe noch beliebig aus meinem späteren Bekannten- und Freundeskreis fortsetzen. Vier meiner ehemaligen Freundinnen, die ich innigst umarmt und geküsst habe, sind schon gestorben. Eine mit 52, die andere mit 56 Jahren, jede an einem heimtückischen Krebs leidend, gegen den sie, trotz massivster Gegenwehr, nicht ankamen. Zwei andere ehemalige Mitschülerinnen haben sich mit knapp 50 Jahren selbst umgebracht, warum wissen die Sterne.

Und so geht es in unserem Freundeskreis weiter. Der eine, ein lieber Kollege, stirbt mit 60 Jahren an einer Blutkrankheit, ein anderer mit 65 Jahren an derselben Ursache. Auch viele Ehemalige meines Gymnasiums, die mit mir Abitur machten, sind bereits gestorben. Warum trifft der Tod diese Menschen, während andere Gleichaltrige fröhlich weiterleben? Wer weiß es?! „Gerecht“ ist es aber zweifellos nicht!

Nicht „hartherzig“ werden, trotz einschlägiger Erfahrungen im Leben!

Ein schönes Schauspiel ist heute am Mitternachtshimmel zu sehen. Es ist Vollmond mit glitzernden Sternen, aber dennoch nicht sehr hell. Denn über dem Vollmond mit seinem hell erleuchteten Hof ziehen ständig dunkle Wolkenfetzen hinweg, so dass der Betrachter den Eindruck bekommt, als würden der Mond und nicht die Wolken über das Firmament dahinziehen.

*

Gestern wurde der Christkindlmarkt in unserer Stadt eröffnet, kommt mir bei diesem Wolken-Mond-Schauspiel am Himmel in den Sinn. Damit wir nicht wieder wie vergangenes Jahr, diesen romantischen Markt versäumen, besuchten wir gleich am 1. Adventssonntag den Christkindlmarkt in unserer Stadt.

Schon am Eingang der stimmungsvoll beleuchteten „Glitzer-Budenstadt“ riecht man den herrlichen Duft bruzzelnder Bratwürste, den wunderbaren Geruch des heißen Glühweins, der Zuckerwatte und den der gebrannten Mandeln.
Und genau da kniet ein alter Mann mit weißem Bart und etwas heruntergekommener Kleidung und bittet stumm mit aufgereckten Händen um ein Almosen.

Sehr viele Besucher gehen, auf die andere Seite blickend und mit etwas beschleunigtem Schritt, achtlos am Bettler vorüber. Da ich es nie fertigbringe, an solch einem armseligen Menschen, der sich so erniedrigt, dass er vor anderen Menschen kniet, vorüber zu gehen, bleibe ich stehen und wechsle mit ihm ein paar Worte. Woher er kommt, warum er hier bettelt und wo er die Nacht verbringt, frage ich ihn, der in sehr gebrochenem Deutsch antwortet. Er ist 81 Jahre alt, stammt aus Ungarn und hat eine Rente, die nicht zum Leben und nicht zum Sterben reicht.

Deshalb kommt er immer wieder nach Deutschland, um sich durch Betteln ein kleines Zubrot zu verdienen. Er schläft im Stadtpark, sagt er, was im Dezember eine mehr als frostige Angelegenheit sein muss, denke ich. Und weil mir 5 Euro nicht ernsthaft „weh tun", lege ich diese in seinen aufgestellten Hut und hoffe, ihm damit ein klein wenig geholfen zu haben, wohl wissend, dass dies auch dazu dient, mein schlechtes Gewissen zu beruhigen, wenn ich es mir anschließend mit wunderbaren Bratwürsteln und herrlich duftendem Glühwein gut gehen lasse.

Ein Zufall will es, dass wir am Würstelstand ein uns bekanntes Paar treffen. Gut situierte, akademisch gebildete Doppelverdiener und Hausbesitzer. Wir kommen schnell ins Gespräch und ich, der noch immer unter dem Eindruck des eben Erlebten steht, erzähle von unserem Kontakt mit dem alten Bettler.
Da muss man sehr vorsichtig sein, solchen Bettlern etwas zu geben, warnen sie uns! Denn entweder versaufen sie alles gleich wieder, oder sie gehören einer „Bettlerbande" an, die zwei Straßen weiter ihre Luxusautos stehen haben und die Leute nur abzocken wollen, erklärt der Bekannte. Außerdem gehört doch Ungarn zur EU! Da bekommt er in Deutschland „Hartz 4", wirft die wohl sehr gut informierte Ehefrau ein! Dem können wir nichts entgegnen, denn wir wissen im Moment nicht, welche Rechte EU-Bürger bezüglich Hartz 4 in unserem Land tatsächlich haben.

Zuhause googeln wir sofort, um den wahren Sachverhalt heraus zu bekommen. Tatsache ist, dass EU-Bürger, wenn sie mindestens 1 Jahr in Deutschland gearbeitet haben und ihren Job verloren haben, Anrecht auf Hartz 4 haben. Das können jedoch solche Bettler, wie „unserer" vom Chistkindlmarkt, sicher nicht nachweisen. Mit 80 Jahren kann er nicht mehr einer geregelten Arbeit nachgehen und er bekommt wohl auch keinen Job, schon gar nicht einen Anstellungsvertrag für 1 Jahr! Dies zeigt wieder einmal, wie oft Halbwissen mit giftiger emotionaler Intensität in die Waagschale einer Diskussion geworfen wird, was man vor Ort nicht auf seinen Wahrheitsgehalt sofort überprüfen kann. Ist so eine Argumentation nur

Halbwissen oder vielleicht gar gezielte Hetze?

Am nächsten Morgen lese ich in der Zeitung, wie weit die Schere zwischen Arm und Reich auch in Deutschland auseinander geht. Auch bei uns gibt es Arme und gar nicht so wenige. Sie betteln zwar in der Regel nicht, hätten dafür aber manchmal durchaus Grund. Denn ca. 20 % der deutschen Bevölkerung, meist alleinerziehende Frauen und alte Rentnerinnen und Rentner, gelten nach der offiziellen Definition von Seiten des Staates als „arm“. Das bedeutet, dass sie im Winter zwar meist nicht frieren oder hungern, aber mehr als zum Essen und Schlafen reicht das Geld auch nicht. Im jüngsten „Armutsbericht 2017“ der Bundesregierung steht hierzu: „Fast 5 Millionen Menschen knapsen beim Essen - eine vollwertige Mahlzeit gibt es nur alle zwei Tage. Beinahe 13 Millionen Menschen können sich nicht mal eine Woche Urlaub leisten. Und geht die Waschmaschine kaputt, kann jeder dritte Deutsche sie erst mal nicht ersetzen.“ Das ist für Menschen jeden Alters äußerst belastend und schwer zu ertragen. Ganz besonders niederdrückend und bitter muss es sein, wenn einem alten Menschen nach einem langen Arbeitsleben dies widerfährt! Welche Gefühle so einer wohl hat, wenn er z.B. die Abfalleimer in seiner Stadt nach Pfandflaschen durchstöbert?

Ich möchte es mir nicht vorstellen!

Sich helfen lassen will gelernt sein!

Heute herrscht fast völlige Finsternis, wenn ich aus meinem Fenster sehe. Da es schon weit nach Mitternacht ist, erscheinen mir die Fenster der Nachbarhäuser fast wie dunkle Höhlen, weil schon lange die Lichter aus sind. Nur ziemlich entfernt, beim Reitstall in unserer weiteren Nachbarschaft brennt eine schwache Funzel, wohl eine Notbeleuchtung.

*

Heute war aber auch ein recht schwarzer Tag für mich. Was mir heute passierte, ist ein absolutes „Novum“ in meinem bisherigen Leben. Aber, es gibt immer ein „Erstes Mal“, aber so eins?

Am Nachmittag fahre ich mit dem Auto zum Bahnhof, um mit der S-Bahn nach München zu fahren. Denn mit dem PKW in das Zentrum oder neudeutsch in die „City“ zu fahren, kann man schon seit Langem vergessen. Aber, hätte ich es diesmal bloß getan!

Schon das Lösen eines Tickets für den Parkplatz bringt mir ein unvergessliches und erstmaliges Erlebnis ein. Glücklich, dass ich einen Parkplatz gefunden habe, gehe ich mit dem schon geöffneten Geldbeutel zum Automaten und suche mir etwas hektisch, weil die S-Bahn gleich abfährt, passende Münzen zusammen. Dabei wühle ich wohl etwas zu heftig in meinem Kleingeldfach herum, so dass mir einige Münzen zu Boden fallen. Ich bücke mich, um sie aufzuheben, da steht wie aus dem Boden gewachsen eine junge, sehr hübsche Frau, die in guten alten Zeiten total in mein „Beuteschema“ gepasst hätte, vor mir und fragt mich zuckersüß mit einem bezaubernden Lächeln: „Darf ich Ihnen helfen?!“ Bevor ich noch dankend abwehren kann, geht sie schon vor mir in die Hocke, sammelt flink und flugs die noch am Boden liegenden zwei Münzen auf, die ich vor Schreck über ihr Angebot übersehen hatte. Ganz perplex über dieses noch nie erhaltene Hilfsangebot raffe ich mich zu einem „Vielen Dank, wäre nicht nötig gewesen!“ auf und verziehe mein Gesicht zu einem gequälten „Danke-Lächeln". Durch dieses „Vorkommnis" versäume ich auch noch die S-Bahn und muss mit einem Gefühl, das schön langsam Richtung verärgerte Depression tendiert, auf die nächste Bahn warten.

Das ist mir noch nie passiert! Dass mir das so an die Nieren geht, hätte ich nicht erwartet, genau so wenig, wie ich bisher geglaubt habe, dass eigentlich ich der höfliche Helfer und nicht der dankbare „Alte" bin. Wie in einer rasanten Zeitreise vom „dynamischen Macher" zum „alten Austragler", dem man über die Straße hilft oder ihm seinen Platz anbietet, kommt mir dies nun vor.

Und genau das passiert mir in der S-Bahn, als sie endlich kommt. Sie ist proppenvoll. Ich stelle mich in die Nähe der Ausstiegstüren, halte mich an einer dafür vorgesehenen Stange fest und sinne noch über den vorigen Vorfall nach, als mich eine junge, wieder sehr hübsche Frau so um die Fünfundzwanzig aus meinen Gedanken reißt und mich verzaubernd lächelnd anspricht: „Darf ich Ihnen meinen Platz anbieten?!" Es ist kein Kind, das mir den Platz anbietet, weil ihm die Lehrer oder seine Eltern diesen „Benimm" ans Herz gelegt haben! Es ist eine erwachsene Frau! Zudem noch eine sehr hübsche, zu der der „Monaco-Franze" sicher gesagt hätte: "A bissl was geht immer"!?

Ich wehre sofort das liebenswürdige Angebot dankend ab, aber sie hört nicht auf, mir ihren Platz anzubieten. Allmählich bemerken die anderen Fahrgäste unseren „Disput" und mein „Stehnachbar", etwas jünger als ich, aber auch nicht mehr taufrisch, meint schadenfroh und dankbar darüber, dass er nicht in meiner Haut steckt: „Gell, da merkt ma, das ma oid werd!"

Um nicht noch mehr die Aufmerksamkeit der übrigen Fahrgäste auf mich zu lenken, gebe ich schließlich nach und setze mich auf den angebotenen Platz, mühsam ein freundlich klingendes „Danke" murmelnd. Meine Hoffnung, dass die junge Frau mir deshalb ihren Platz angeboten hatte, weil sie bei der nächsten Station ohnehin aussteigen musste, zerschlägt sich. Sie bleibt so lange wie ich in der S-Bahn und dies lässt mich wider Willen, aber endgültig zum „Pflegefall“ werden. Neben mir sitzen zwei „wirklich“ betagte, so um die 90 Jahre alte Frauen, kugelrund mit einem etwas schadenfrohen Grinsen im Gesicht. Als sie sich nach zwei Stationen mühsam zum Ausgang schleppen, neigen sie sich zu mir hin und geben mir folgenden Rat noch auf meinen Weg: „S'helfen lassn muasma leana! Gell!“

Jetzt ist der Tag ja wohl gelaufen. Das war mein „Erstes Mal“, worunter ich mir früher etwas ganz anderes vorgestellt habe.

Der kindliche Weihnachtsglaube ist weg! Bleibt wenigstens die „Stimmung“?

Am frühen Abend begann es heute leicht zu schneien. Bis Mitternacht waren Bäume und Sträucher, aber auch Wiesen und Hänge wie überzuckert. Ich empfinde das schon von jeher als unwahrscheinlich gemütlich und sehr romantisch, wenn man dem Tanz der Schneeflocken zusieht und dabei ins Träumen gerät.

*

Der erste Schnee in diesem Winter kommt ja wie bestellt als Kulisse für den heutigen Tag. Denn heute kommt der Nikolaus! Mein Gott, was war das für uns Kinder, als wir noch klein waren und an den Nikolaus fest glaubten, für einen Tag?! Geheimnisvoll, spannend und aufregend war das schon, wenn der Heilige Nikolaus und der furchterregende Krampus kamen. Einmal kamen etwas übermütige junge Burschen aus der Nachbarschaft, die sich als Bischof und Knecht Ruprecht, den wir in Niederbayern „Kramperl“ oder „Krampus“ nannten, verkleidet hatten, zu uns. Sie steckten mich fünfjähriges Bürscherl kurzerhand in den Sack und trugen mich aus dem Haus. Ich starb fast vor Schreck und schrie nach Mama und Papa aus Leibeskräften, bis sie mich nach einigen Metern im Hausgang wieder frei ließen.

Oder Heiligabend! Was war dies für ein Lichtspektakel am Christbaum mit echten Kerzen und Wunderkerzen, die zischend wie ein Feuerwerk abbrannten! Und in den ersten Jahren kam zu mir tatsächlich noch das weiß gekleidete „Christkind“ und brachte mir die spärlichen Gaben, welche sich meine Eltern damals nach dem Krieg leisten konnten: Rotbackige Äpfel, mit Gold- oder Silberfarben bemalte Nüsse und ein Stück „Kletzenbrot“, eine bayerische Spezialität. Dass das Christkind meine dreizehn Jahre ältere Schwester im Brautkleid einer Tante war, und die Geschenke von meinen Eltern kamen, wurde mir erst einige Jahre später klar.

Ich blicke aus meinem Fenster in die lautlos herabschwebenden Schneeflocken und komme wieder auf den Boden der Realität zurück. Dass von diesem Kinderglauben außer romantischer Rückschau nichts geblieben ist, wird wohl bei jedem Erwachsenen ähnlich sein. Geblieben ist bei mir aber die Lust an der Atmosphäre von Christkindlmärkten, verbunden mit Glühwein und Mandeln oder auch herrlich duftenden Bratwürsten. Verblieben ist auch die Freude über besinnliche Konzerte oder Advents- und Weihnachtslieder, selbst wenn sie vor Rührseligkeit oder sogar Kitsch triefen. Ich mag es, wenn ich in einer dunklen Kirche einen Adventskranz mit roten, entzündeten Kerzen schweben sehe oder Christbäume mit vielen brennenden Kerzen meditierend betrachte.

Als junger Theologiestudent lehnte ich diese, in meinen Augen, verzuckerten und verkitschten Bräuche radikal ab und meinte, es komme auf das Wesentliche an, nämlich, dass Jesus, der Sohn Gottes, in die Welt zu den Menschen gekommen sei und dieses rührselige Getue das Eigentliche nur verdunkle.
Je länger ich Theologie studierte, umso mehr wurde mir klar, dass diese ganzen Weihnachtsgeschichten, die es ja ohnehin nur im Matthäus- und Lukasevangelium gibt, nichts mit dem tatsächlichen Geschehen zu tun haben. Sie sind nur eine literarische Komposition, ein Stilmittel der Evangelisten, die sie vielleicht schon in den Urgemeinden des Christentums vorgefunden hatten, denn sie verfassten ja ihre Evangelien erst 30 bis über 100 Jahre nach Jesu Tod. Mit diesen literarischen Skizzen wollten sie ähnlich wie der Autor eines Dramas oder eines Romans lediglich etwas ausdrücken, nämlich, dass sich Gott den Menschen zuneigt und sie nicht allein lässt. So meinte ich den großen und für mich faszinierenden Theologen Bultmann zu verstehen, wenn er über die Weihnachtsgeschichten sprach.

Und heute? Heute kann ich im Leben der Menschheit in dieser Welt, die so funktioniert und dies von Anfang an, dass einer den anderen frisst, keinen liebenden Gott erkennen, der sich wie ein Vater gütig und liebevoll den Menschen zuneigt. Und wieso sollte es denn überhaupt einen „Gott" geben? Einen irgendwie ausgelösten Urknall, ja!

Irgendwie muss ja alles in Gang gekommen sein. Ja, es könnte oder müsste wohl eine entsprechende Kraft dahinterstehen. Aber doch kein **personales** Wesen, kein personaler und schon gar nicht ein dreifaltiger Gott?!

Wenn es „Liebe" in der Welt gibt, so kann es sie nur von Mensch zu Mensch geben. Und da diese Liebe, wenn auch oft kitschig und scheinheilig, jedes Jahr an Weihnachten wieder thematisiert wird, habe ich im Grunde nichts gegen Weihnachten.
Ganz im Gegenteil!

Nein, es muss sogar dieses Fest geben, nur ganz anders verstanden. Nämlich als selbstlose Liebe von Mensch zu Mensch. **Diese Liebe ist göttlich!** Aber Gott ist nicht die Liebe, er kann sie gar nicht sein! Da spricht zu viel dagegen, was in der Welt schon seit Jahrtausenden, heute und wohl auch in Zukunft geschieht. Denn dieser „Gott" hat die Welt, falls er sie überhaupt geschaffen hat, nach dem Prinzip „einer frisst den anderen" erschaffen und lässt Ungerechtigkeiten und Katastrophen zu, für die der Mensch, der sie erleidet, nichts, aber auch gar nichts kann. Theologen nennen dies die „Theodizee", über die sie schon ganze Bibliotheken zur Erklärung geschrieben haben, aber keine wirkliche Antwort zu Wege gebracht haben.

Das ist eine recht nüchterne, ja vielleicht deprimierende Bilanz!

Ich beneide diejenigen, denen es gelingt, diese negative Bilanz durch ihren Glauben zum Positiven zu wenden, ohne intellektuell unredlich zu sein.

Als Pensionär hat man es meist sehr gemütlich, aber es fehlt der „Kick“!

Wiesen, Bäume und Häuser sind nicht mehr nur mit Schnee überzuckert, sondern sie sind so richtig von Schnee bedeckt. In der vergangenen Nacht hatte es sehr ergiebig geschneit und am Morgen waren die Straßen durch Schnee und Eis zu einer richtigen Rutschbahn geworden. Der heulende Sturm treibt mich bald vom Fenster zurück ins wohlig warme Schlafzimmer.

*

Alle Verkehrsteilnehmer, besonders aber die Berufspendler, hatten heute früh äußerst schlechte Fahrbedingungen. Da auch, noch dazu an einem Montag, die Bahngewerkschaften einen unangesagten Streik des Zugbegleiterpersonals ab 4 Uhr früh ausgerufen hatten, nahmen die Staumeldungen in den Morgennachrichten kein Ende. Karambolagen auf schneeglatter Fahrbahn, stundenlange Verspätungen bei der Bahn und im Straßenverkehr waren fast überall zu verzeichnen.

Während meiner Zeit als Berufspendler habe ich jedes Jahr im Winter mehr als einmal so eine unangenehme Situation mitgemacht und gefürchtet. Man sitzt im Auto, hat keine Ahnung, wie es weitergeht und weiß, dass mehrere Personen, die ich z. B. zu einem Arbeitskreis oder sonst einer Besprechung eingeladen habe, auf mich in der Uni warten oder selbst irgendwo im Stau stecken. Und früher, vor der Handy-Zeit, konnte man ja nicht einmal der Sekretärin Bescheid sagen. Schon gar nicht, wenn diese auch im Stau steckte.

Das waren Tage! Und man war froh, abends gut nach Hause gekommen zu sein und allen Stress überstanden zu haben.
Dagegen jetzt in der Pension? Jetzt sitze ich am späteren Morgen gemütlich beim Frühstück, höre die Stau- und Unfallmeldungen im Radio und denke mir, Gott sei Dank, dass ich da nicht mehr dabei

sein muss. Und ich glaube zu ahnen, dass ich nicht mehr genügend Kraft und Energie hätte, dies alles durchzustehen. Trotzdem bekomme ich jeden Ersten meinen „Lohn“ in Form meiner Pension, von der wir sorglos und gut leben können. Hinzu kommt noch, dass ich mit meiner Frau bequem und kostenlos im eigenen Haus wohne. Und ich kann mir fast immer meinen Tag einteilen wie ich will. Fast, denn Krankheiten und Familie haben Veto-Recht! Trotzdem paradiesisch?!

Ja schon, aber irgendwie war es damals in gewisser Weise auch toll, solche Tage durchzustehen, sich zu beweisen, dass man auch bei extremen Bedingungen nicht aufgibt und sich durchbeißt nach dem Motto „Der Mann muss hinaus ins feindliche Leben..“, wie Schiller einmal meinte. Natürlich muss das heute die Frau in der Regel auch, falls sie nicht in der traditionellen Frauenrolle als Hausfrau und Mutter ihre Erfüllung sieht und sich dies auch leisten kann.

In der Pension muss man auch öfters „hinaus“, aber nicht immer „ins feindliche Leben“, sondern zu Ärzten, Physiotherapeuten oder zur Podologin, weil man sich mit den Jahren durch ungesunde Lebensweise eine Diabetes, eine Fettleber, Nagelpilz oder Gicht „eingefangen“ hat. Das ist sicher auch nicht erfrischend! Aber das ist eben die „feindliche Welt“ im Alter, die auch nicht gerade ein „Zuckerschlecken“ ist.

Manchmal denke ich schon etwas wehmütig zurück, als da ein Vortragstermin, dort eine Tagung war, man sich freute, wenn man ein neues Buch über seine Forschungsergebnisse auf den Wissenschaftsmarkt gebracht hatte oder ein Rundfunk- oder Fernsehauftritt anstand. Ja, es ist in der Pension viel „gemütlicher“, manchmal sogar „zu gemütlich“ geworden. Manchmal wäre deshalb ein kleiner „Kick“ wieder wünschenswert! Aber sicher kein Sieg beim Kartenspiel oder beim Eisstockschießen! Das wäre für mich kontraproduktiv.

Nicht Gott oder ein Karma bzw. eine Vorherbestimmung sind die „Schmiede“ des menschlichen Schicksals, sondern der Zufall und …?

Die Nacht ist heute sehr stürmisch. Der Wind bläst mir heftig ins Gesicht und lässt Schneeflocken im Reigen tanzen. Es ist alles dunkel. Mond und Sterne werden von einem Wolkenteppich verdeckt. Nur Richtung München sowie Richtung Flughafen leuchtet ein matter Schein am Horizont.

*

Vor dem zu Bett gehen sah ich in den Fernsehnachrichten, dass in Straßburg ein wild gewordener Mann in eine Menschenmenge schoss, wobei er zwei Menschen tötete und ca. 30 Personen schwer verletzte.

Kürzlich hörte ich von einem ebenfalls schrecklichen Unfall. Ein Autofahrer setzte plötzlich, ohne genügend Sicht, zum Überholen an und krachte mit voller Wucht in das entgegenkommende Auto. Die Fahrer der beiden PKWs waren auf der Stelle tot. Von den drei weiteren Insassen kämpfen zwei noch in der Intensivstation eines Krankenhauses um ihr Leben. Der dritte Mitfahrer blieb unverletzt.

In denselben Nachrichten wurde noch berichtet, dass zur Zeit im Jemen alle 10 Minuten wegen des dort tobenden Bürgerkriegs ein Kind stirbt.

Warum starben Menschen in Straßburg? Warum sterben sie im Jemen noch immer? Warum sterben Unschuldige im Straßenverkehr? Natürlich sind auf den ersten Blick die Menschen schuld, die solche Gräueltaten bzw. solchen Leichtsinn begehen! Die Verhungernden oder die Getöteten tragen jedoch keine Schuld. Sie waren lediglich zur falschen Zeit am falschen Ort!

Zufall? Natürlich!

Und ob man Junge oder Mädchen, Schwarzer oder Weißer, Armer oder Reicher, Dummer oder Hochintelligenter ist, ob man in einem armen Entwicklungsland oder in einem hoch technisierten und deshalb leistungsstarken und wohlhabenden Land geboren wird, ist nichts als Zufall! Ebenso zufällig ist es, ob man in eine reiche, vielleicht sogar adelige Familie oder in eine bettelarme Familie", die aus Syrien oder dem Kongo flüchten musste, hineingeboren wurde.

Natürlich spielt das eigene Zutun auch eine Rolle, aber wohl eine kleinere, als man gemeinhin denkt. Das gängige Sprichwort „Jeder ist seines Glückes Schmied" ist daher mehr falsch als richtig, denn viele Menschen haben einfach schlechtere Bedingungen als andere.

Also ist letztlich doch der „Zufall" der wirkliche" Schmied" im Leben des Menschen! Und wenn man am Ende seines Lebens feststellen muss, per Zufall meistens oder immer auf der falschen Seite gestanden zu haben und nun das Leben unwiederbringlich zu Ende ist, dann ist das ein trauriges Resümee. Gläubige Menschen, sehen hinter dem Zufall das Wirken Gottes! Ob jemand das so glauben kann, wenn er es rational durchdenkt? Für mich ist das sehr schwer, wenn nicht unmöglich nachzuvollziehen!

Reisen ist etwas Wunderbares! Wem Reisen aber nicht möglich ist, der hat „leider Pech“ gehabt! So ist das Leben eben, vom Zufall regiert und voller Ungerechtigkeit.

Ich stehe heute nicht am heimischen Fenster und schaue in die Dunkelheit hinaus, sondern sehe über mir das mit Schnee bedeckte, im Mondlicht glänzende Hochgebirge, das die Stadt umkränzt. Wir haben nämlich einen Dreitagesausflug zum Christkindlmarkt nach Innsbruck in Tirol gemacht und wohnen gerade in einem wunderbaren Hotel direkt am „Goldenen Dachl“.

*

Bei mir ist es immer Dasselbe. Ich wache am Abreisetag durch das laute und ungewöhnlich frühe Klingeln des Weckers auf, gähne laut mit weit aufgerissenem Mund und denke mir, wie schön es nun wäre, zu Hause im warmen Bett bleiben zu dürfen. Hätte ich nur nicht diese blöde Reise gebucht! Wenn ich mich aber nach längerem Gähnen und Dehnen entschließe, den Fuß aus dem Bett zu setzen, ist meine alte Reiselust und -begeisterung wieder voll da. Das war früher anders. Da sprang ich bereits vor Vorfreude in aller Frühe aus dem Bett und los ging es. Das ist aber schon lange her!

Mit der „Karwendelbahn“ fahren wir von München aus über Mittenwald und Seefeld, hoch oben im Gebirge, nach Innsbruck. Eine traumhaft schöne, romantische Strecke! Und im Zug ist es ein ganz besonderer Genuss, sich bequem zurückzulehnen und die wunderbar verschneite Gebirgslandschaft vorbeiziehen zu lassen.

Hier in Innsbruck sieht es um Mitternacht ganz anders aus und es hört sich auch ganz anders an als Zuhause um diese Zeit beim Blick in den dunklen Garten. In der Altstadtgasse, wo wir im “ Goldenen Adler“ wohnen, sind zwar schon längst die vorher hell erleuchteten „Christkindl-Buden“ dunkel und dicht gemacht, aber noch immer sind Menschen unterwegs, die zwar nicht lärmen, von denen

man aber den Hall jedes Wortes und jedes Tritts auf dem Kopfsteinpflaster vernimmt.
Die Abfalltonnen sind für die frühmorgendliche Müllabfuhr bereits zu einem Pulk zusammengeschoben und im gegenüber liegenden, wunderbar renovierten Altstadthaus kann man im 2. Stock noch eine lebhaft gestikulierende Gesellschaft im Wohnzimmer sehen. Hier gehen die Lichter wohl nicht so zeitig aus wie bei unserer Nachbarschaft zu Hause.

Nachdem wir unser schönes Zimmer im Hotel bezogen hatten, genossen wir den sehr romantischen Christkindlmarkt mit seinen hell erleuchteten Buden und den herrlichen Gerüchen von Bratäpfeln, heißen Maronen, gebratenen Würsteln, Zuckerwatte, Weihrauch und Myrrhe und von noch vielen weitere Spezereien und Spezialitäten. Natürlich kann man auch in manchen Buden Tiroler Krippen mit handgeschnitzten Figuren bewundern, denn wir sind ja in der Hauptstadt des berühmten Tiroler Schnitzhandwerks, wo die „Herrgottsschnitzer" zu Hause sind.

Dazu die stimmungsvoll beleuchtete Innsbrucker Altstadt mit dem „Goldenen Dachl", das geheimnisvoll glitzert und glänzt, weil Vollmond ist. Ein Genuss! Und wir dürfen dies alles erleben! Und dies mitten in der Woche, an Werktagen, an denen wir früher brav ins Büro gehen mussten. Was sind wir doch für Glückspilze?! Leider mussten wir alt werden, um dies alles so genießen zu dürfen, denn für so einen Trip hätten wir früher wohl unsere sorgfältig gehüteten Urlaubstage nicht ohne weiteres geopfert.

Heute haben wir die Innsbrucker Hofburg und die dazu gehörige Hofkirche sowie das „Sacher-Café" besucht. Die Hofburg ist eine äußerst mächtige Anlage, die lt. Führer eine Kopie des Wiener Schlosses Schönbrunn darstellen soll. Sie birgt riesige und prächtige Palastsäle, in denen die „kaiserlichen Hoheiten" standesgemäß einmal im Jahr Hof hielten. Kostbarst ausgestattete Privatgemächer, die innerhalb von ca. 500 Jahren jeweils nur an einigen Tagen im Jahr von der Erbauerin, Kaiserin Maria Theresia sowie ihren 16 Kindern

bewohnt wurden. Kaiserin „Sisi“ benutze die Hofburg in Innsbruck als Übernachtungsgelegenheit und als Zwischenstopp, wenn sie zu ihren Reisen nach Südtirol, Italien oder zu Schiffsreisen ab Ancona in alle Welt aufbrach. Was für eine Verschwendung von Geldern denke ich mir! Wer hat denn diese herrlichen und kostbaren Bauten finanziert? Die „Majestäten“ sicher nicht! Mit Sicherheit aber das einfache Volk, die Untertanen.

Ich frage mich, welches Selbstverständnis und welche Hybris mussten denn diese damaligen Herrscher und Adeligen gehabt haben, um derartige Hochschätzung und solch ein Luxusleben als gerechtfertigt anzusehen? Und ich überlege mir, was die Ursachen dafür sind, dass damals das Volk sich dies gefallen ließ? Und wie ist es zu beurteilen, dass innerhalb Europas noch immer einige Staaten von Monarchien regiert und/oder repräsentiert werden? Das wäre einer längeren Überlegung wert. Hier wollen wir nicht weiterbohren, aber das Thema ist noch lange nicht vom Tisch!

Als nächstes besichtigen wir die Hofkirche, einige Schritte von der Hofburg entfernt. Der erste Blick beim Betreten des Gotteshauses fällt auf das monumentale Grabmal Kaiser Maximilians und die wie Spalier stehend, überlebensgroßen Bronzefiguren, die das Habsburger Herrscherhaus repräsentieren sollen. Hier stehen sie, die ehemals hoch gepriesenen Adeligen in Überlebensgröße aus Bronze. Und sie wissen davon nichts! Denn in Wirklichkeit sind sie wahrscheinlich nicht einmal mehr Staub.
So ist das Leben des Menschen. Vergänglich, ein Nichts!

In einem Psalm heißt es: „Das Leben des Menschen ist wie Gras!“ Es verdorrt und wird zum Nichts. Deshalb ist es m. E. so wichtig, das Leben zu genießen, wo immer es geht und man kann! Wer es nicht tut, weil er nicht will oder nicht kann, hat leider Pech gehabt.

So ist es eben auf dieser Welt, in der Zufall und Ungerechtigkeit regieren!

Aus dem bei der Geburt Christi von Engeln verkündeten „Frieden auf Erden" ist wohl nichts geworden!

Der Hl. Abend ist wieder einmal vorüber und eigentlich müsste ein herrlicher Sternenhimmel sein. Denn die Christen feiern heute die Geburt ihres Erlösers Jesus Christus. Aber es ist stockdunkel! Nicht einmal der legendäre, viel besungene „Stern von Bethlehem" ist zu sehen, wenn ich nach unserer Familienfeier am Hl. Abend weit nach Mitternacht am Fenster stehe und in die Nacht hinausschaue.

*

Für mich ist dieser Abend immer mit vielen schönen Erinnerungen von früher verbunden. Bis zu Vaters Tod feierten wir diesen Abend bei meinen Eltern mit Glühwein, „Galuschde" aus ihrer deutschböhmischen Heimat, und sangen deutsche und polnische Weihnachtslieder, wie sie von meinen Eltern in ihrer deutsch-böhmischen Heimat in der Bukowina gesungen wurden. Einer der zwei Höhepunkte der Feier war, wenn wir meinem Vater am Heiligen Abend zu seinem Geburtstag gratulierten, was er vor Rührung nie ganz ohne Tränen überstand. Der Besuch der Christmette bildete den zweiten Höhepunkt unseres Heiligen Abends, die um 12.00 Uhr begann und bis weit nach Mitternacht andauerte.

Nach Vaters Tod spielte sich die Feier von Hl. Abend immer bei uns ab und dies bis heute, was ich im Grunde sehr gern mag, wenn es auch mit viel Umstand und Aufwand verbunden ist, da die ganze Familie bei uns nicht nur feiert, sondern auch übernachtet. Aber die Atmosphäre von damals will sich nicht mehr so ganz einstellen. Die Kindheit ist eben endgültig vorüber!

Was bleibt?

Weihnachten ist wie alle anderen hohen Feste eine Strukturierung des Jahres, die auch von Menschen angenommen und praktiziert wird, die keiner Religion angehören, und das sind in Deutschland

fast die Hälfte der Bevölkerung. Aber stimmungsvolle Christkindlmärkte im Advent, Weihnachtskonzerte, Plätzchen und Geschenke mag meist auch dieser Teil der deutschen Gesellschaft.
Der Weihnachtsfriede wird oft auch sogar in der säkularen Welt zumindest formal hoch gehalten. Beispielsweise verschicken die deutschen Finanzämter zur Weihnachtszeit keine Zahlungsaufforderungen. Leider dauert dieser „amtliche Weihnachtsfriede" nicht sehr lange!

Aber wie steht es um den Frieden, der an Christi Geburt von den Engeln im Lukasevangelium so verkündigt wurde: „Verherrlicht ist Gott in der Höhe, und auf Erden ist Friede bei den Menschen seiner Gnade" (Lk.2,14)? Wie viele Kriege seit dieser Ankündigung bis in unsere Tage tobten, weiß man nicht genau! Was man aber aufgrund von Schätzungen seitens kompetenter Wissenschaftler weiß, ist die traurige Tatsache, dass ca. 185.000 Millionen Menschen allein im 20. Jahrhundert durch Kriege ihr Leben verloren haben. Das 21.Jahrhundert lässt bisher nicht auf Besserung hoffen!

Was hat aber dann diese „Friedens-Ankündigung" durch die Engel in den zwei Jahrtausenden seit Jesu Wirken erbracht?

Größtenteils nichts!

Eher fast das Gegenteil! Denn wie viele Kriege wurden im Namen Christi unter Glaubensbrüdern geführt, um die „richtige Konfession" zu verteidigen oder die angeblich Abgefallenen vor den entsetzlichen „Höllen-Qualen" zu bewahren?
Wie viele Andersgläubige wurden z. B. in den Kreuzzügen niedergemetzelt oder ihres Eigentums beraubt? Wie oft hat die Kirche Waffen sogar gesegnet und den „gerechten Krieg", den es aufgrund Jesu Botschaft gar nicht geben kann, verteidigt und die Menschen zum Kampf aufgerufen?

Dennoch fehlte etwas Wesentliches in der Gesellschaft, würde man dieses Fest abschaffen. Dann fehlten die staunenden Kinderaugen unterm Christbaum, es fehlten die Sammlungen und Spenden, die zur Weihnachtszeit, zwar manchmal mit etwas Kitsch und Rührseligkeit, aber mit viel Erfolg eingebracht werden. Und es fehlte die Möglichkeit, wenigstens einmal im Jahr inne zu halten und nach den wesentlichen Dingen zu fragen.

Wenn die Zeichen nicht trügen, wird der Kreis aber immer kleiner werden, die Weihnachten noch als „Christgläubige“ feiern. Aber selbst dann wird wohl auf dem Weihnachtsmarkt mit Glühwein, Punsch und gebrannten Mandeln und Weihnachtsbäumen weitergefeiert werden. Man wird sich weiterhin gegenseitig beschenken und miteinander feiern, weil der Mensch Feste wie „Weihnachten“ braucht, um sein Leben und seinen Alltag zu strukturieren und durch ein Innehalten vielleicht in sich hineinzuhorchen, was es außer Geld, Macht und Gewalt sonst noch gibt.

Gedanken in der Silversternacht: Was kommt wohl noch alles auf uns zu?

Die Weihnachtsfeiertage sind vorbei und heute feierten wir Silvester. Ein wunderschöner Nachthimmel ist zu sehen, wie wir ihn am Hl. Abend gebraucht hätten. Das Firmament ist von Sternen übersät, die ein oranger Mond wunderschön untermalt, was man für Silvester als gutes Omen deuten könnte.

*

Heute saßen meine Frau und ich ganz wider unserer jahrezehntelangen Gewohnheit an Silvester nur zu zweit am Tisch. Freunde, mit denen wir die letzten Jahre immer zusammen den Silvesterabend verbrachten, hatten wegen Erkrankung abgesagt, was uns aber nichts ausmachte. Denn ich kann aufgrund einer Teilruptur meiner rechten Achillessehne noch immer nicht schmerzfrei gehen und Monika ist gestern Abend gestürzt und mit beiden Knien auf hartem Fliesenboden aufgeschlagen, was nicht ohne Folgen blieb. Nun hinken wir beide und gehen die Treppe wie kleine Kinder hoch, mit einem Fuß auf die nächste Treppenstufe steigend, den zweiten Fuß nachziehend und so fort. Das entschleunigt, wenn man es positiv sehen will, was mir aber äußerst schwerfällt.

Es behindert aber auch ganz schön den Alltag, was in den nächsten Jahren wahrscheinlich, wenn noch die eine oder andere Behinderung dazu kommt, eine große Einschränkung des Lebens im Haus darstellen wird.
Dann wird man sich umsehen müssen, um es möglich zu machen, im Haus zu bleiben. Zum Beispiel eine Pflegekraft einstellen, die zusätzlich zur Bezahlung in unserer Einliegerwohnung kostenlos wohnen könnte. Einen Treppenlift in den 1. Stock und in den Keller müssten wir auch einbauen lassen. Finanziell müsste das zu verkraften sein.
Aber, was ist, wenn einer von uns pflegebedürftig wird, wir spezielle

Betten und sonstige Einrichtungen für Pflegefälle brauchen? Was ist, wenn einer nicht mehr gehfähig und auf einen Rollstuhl angewiesen ist. Ob es dann finanziell und technisch überhaupt möglich ist, das ganze Haus behindertengerecht umzubauen?
Ich fürchte, irgendwann wird ein Umzug in ein Pflegeheim nicht zu verhindern sein, vor allem, wenn ein Partner schon gestorben ist.

Das Sterben des Partners stelle ich mir wie ein emotionales Erdbeben vor, wenn der Mensch, dem man ein Leben lang am nächsten stand, plötzlich nicht mehr da ist. Wie grauenhaft, wenn man seinen Körper, den man so oft liebkost und gestreichelt hat, völlig steif und „entseelt" vor einem liegt und schließlich in die Erde versenkt oder zu Staub verbrannt wird! Das ist der Supergau im Leben!

All das geht mir in dieser Silvesternacht durch den Kopf. Alles Aufgezählte wird vielleicht morgen, übermorgen oder in einigen Jahren geschehen, wenn man Glück hat vielleicht erst in 10 oder sogar erst in 15 oder 20 Jahren. Aber es wird kommen! Wenn ich daran denke, werde ich total traurig und depressiv.

Hier hilft nur die Devise meines bereits erwähnten, guten alten Freundes: „Leben, leben und nicht an das denken, was uns noch bevorsteht!" Und ich füge noch hinzu: „Das Leben genießen, genießen! Das Leben einsaugen, so viel und so lange es geht."

Diejenigen haben hier natürlich das große Los gezogen, die freudig mit glänzenden Augen ausrufen können: „Das Schönste kommt noch!" Natürlich die Auferstehung von den Toten und das ewige Leben bei und mit Gott für die „Guten". Den „Bösen" stehen für alle Ewigkeiten höllische Qualen, fern von Gott, bevor. Warten wir es ab!

Wohl dem, der es schafft, an Gott zu glauben, ohne mit dem Verstand in Konflikt zu geraten!

Heute an „Hl. Drei König“ kam der schon für Hl. Abend erwartete Schnee und zwar „volle Kanne“, so dass auf den Straßen im Bahn- und Luftverkehr das Chaos ausbrach, zumal wegen der zu Ende gehenden Schulferien sowieso schon Stau an allen Verkehrsknotenpunkten war. Der nächtliche Blick in unseren Garten ist jedoch recht eindrucksvoll. Wie hell die Nacht durch den Vollmond und die weiß glänzende Schneedecke geworden ist! Es ist, wie wenn die Landschaft hell erleuchtet wäre.

*

Heute kamen auch die “Dreikönigssänger“, drei als Könige aus dem Morgenland verkleidete Ministranten/Innen, bei uns vorbei, sangen ihr Lied, sagten ihren Segensspruch auf und baten um eine Spende für ein Hilfsprojekt der Katholischen Kirche in Peru, das heuer als Spendenschwerpunkt gewählt wurde.

So bin ich vor ca. 60 Jahren auch herumgezogen, geht es mir durch den Kopf. Und uns hat es großen Spaß gemacht. Dass sich aber heute noch Kinder und Jugendliche finden, diese Aufgabe zu übernehmen, wundert mich, da doch in Deutschland das religiöse Engagement und der christliche Glaube immer mehr zurückgehen!

Die religiösen Hochfeste wie Weihnachten, Ostern oder Pfingsten werden zwar noch offiziell in den Kirchen wie eh und je festlich begangen, aber die Zahl der daran teilnehmenden Kirchgänger geht stark zurück, und viele Leute sehen darin hauptsächlich willkommene „Brückentage“ für ein verlängertes Wochenende. Dies verwundert nicht, wenn man bedenkt, dass aktuell nur ca. 50% der deutschen Bevölkerung einer Kirche zugehörig sind.

Dabei verspricht doch der christliche Glaube eigentlich viel:

Die Sicherheit, dass Gott die Menschen liebt, dass er sogar seinen Sohn in die Welt gesandt hat, um die von der Erbsünde belasteten Menschen durch seinen Tod am Kreuz zu erlösen. Seine Mutter hat ihn geboren, ohne ihre Jungfräulichkeit zu verlieren. Er wurde getötet, aber er ist auferstanden und einige Zeit danach in den Himmel aufgefahren, wo er zusammen mit Gott Vater und dem Hl. Geist die Welt lenkt, bis er wiederkommt, um die „Guten" zu belohnen und die „Bösen" ihrer gerechten Strafe zuzuführen. Dem Gläubigen aber winkt die Auferstehung von den Toten und ein ewiges Leben und die Vergebung der Sünden.

Das ist doch ein „Super-Programm"!

Schon, aber welcher reflektierte Mensch kann denn diese, jeder menschlichen Erfahrung und Ratio, worüber viele seit der Aufklärung in Europa verfügen, zuwiderlaufenden Glaubensaussagen für wahr halten? Wem dies aber dennoch irgendwie gelingt, der ist gut dran! Denn der Glaube beeinflusst seine Sicht der Wirklichkeit wie eine rosarote Brille, durch die man die Wirklichkeit positiver sieht. Und der Glaube gibt Erklärungen für das Böse und das Leid in der Welt, verspricht das Leben nach dem Tod und bietet Umkehr durch Vergebung der Sünden. Und der Preis dafür ist sogar relativ niedrig: Glauben, lieben und hoffen!

Marx hatte vielleicht doch Recht, wenn er meinte, dass Religion das „Opium" des Volkes sei. Nur würde ich nicht das so negativ besetzte Wort „Opium" verwenden, sondern eher Begriffe wie „Autosuggestion", „Schmerzmittel", „Selbsthypnose" oder „Psychotherapie mit anderen Mitteln". Ihnen allen ist gemein, dass sie Schmerzen und Depressionen mildern oder sogar ganz vertreiben und dies fast ohne Nebenwirkungen.

Unsere moderne Welt braucht nicht unbedingt „Religion" im herkömmlichen Stil. Sie hält andere „Problemlöser" bereit, wie z. B.

Konsum im Übermaß, Lebensqualität auf hohem Niveau, Vertrauen in technische Utopien, Ablenkung im höchsten Maße, wie z. B. Reisen in ferne, exotische Länder. Ob diese modernen „Problemlöser“ mit denen der Religionen mithalten können, ist nicht immer gewiss.

Ohne Optimismus geht man Gefahr, im Leben das Lachen zu verlernen

So rasch und dicht der Schneefall vor einigen Tagen daherkam und die Landschaft weiß überzog, so schnell trat er wieder aufgrund von Regen und warmen Temperaturen den Rückzug an. Ich sehe zwar immer noch großteils schneebedeckte Felder und Wiesen von meinem Fenster aus, aber dazwischen auch schwarze Flecken, wo der Schnee bereits weggetaut ist. Ein fast milder Windhauch streicht mir über mein Gesicht, da ich wieder einmal um Mitternacht aus dem Fenster schaue.

*

Ein eisiger Wind wäre wohl heute Abend angemessener, denn morgen muss ich „unters Messer". Meine Achillessehne am rechten Fuß ist nun doch endgültig gerissen und eine Operation kann nun nicht mehr vermieden werden, zumal ich mich ohnehin schon ein Dreivierteljahr mit dieser Sehne abgeplagt habe. Sechs Monate davon Tag und Nacht in einer Orthese, die Orthopäden verharmlosend „Schischuh" nennen, dessen Schaft bis zur Kniekehle ragt, und 24 Stunden pro Tag, also auch im Bett getragen werden muss!

Es ist ja nicht meine erste OP, aber dennoch ist mir etwas mulmig zumute. Bei allem, was ich heute getan habe, wie z.B. die Unterlagen für die OP zusammenzusuchen und zu ordnen, aber auch beim Arbeiten für meinen Verlag schwingt etwas Wehmut mit. Wird alles gut gehen mit der Narkose und der OP? Obwohl ich es ja nicht mitbekomme, wie werden sie mich auf dem OP-Tisch platzieren? Wohl auf den Bauch liegend, damit dem Chirurgen meine Achillessehne schön vor Augen liegt. Die Genesungsdauer nach so einer OP soll sehr lang sein, habe ich im Internet gelesen. Sie kann sogar bis zu einem Jahr dauern, in dem man wegen der häufigen Termine beim Physiotherapeuten keine größeren Unternehmungen wie längere Urlaube im Ausland oder Fernreisen unternehmen kann.

Na, dann fliegst du eben im nächsten oder übernächsten Jahr nach Indien, China oder anderswohin, hätte ich mir vor zwei, drei Jahrzehnten gedacht. Das kannst du doch locker nachholen! Vor dir liegen ja, wenn alles glatt geht doch sicher noch zwanzig bis fünfzig Jahre!

Heute, am Beginn meines achten Jahrzehnts meines Lebens ist das aber anders! Da sind nicht mehr so viele Jahre vorhanden, die alles erlauben. Und wenn es nur größere Wanderungen, Bergsteigen, Schifahren, Tennis spielen oder längere Strecken schwimmen sind, dann sind selbst diese, früher eigentlich recht selbstverständliche Vergnügen in der Rekonvaleszenzphase, aber wohl auch danach, passé.

Natürlich schwingt bei mir als Realist ein wenig mit, dass so eine OP das endgültige Ende bedeuten könnte. Was bist du doch für ein furchtbarer Pessimist, höre ich schon viele sagen! Natürlich ist es sehr selten, aber es kommt vor, dass jemand aus der Narkose nicht mehr aufwacht! Und warum sollte das nur immer bei den Anderen sein? Ich werde nie vergessen, wie ich vor Jahrzehnten am Vorabend meiner ersten Operation in den Fernsehnachrichten sah, dass Heidi Brühl an diesem Tag von einer Narkose nicht mehr aufwachte. Das hat mich damals vielleicht aufgeschreckt!

Natürlich hoffe ich nun inständig, dass ich heil und gesund aus der Narkose erwache!!

Aber wenn nicht?!

Dann wäre mein bisheriges Leben, mein ganzes Leben gewesen! Dann wäre ich völlig ausgelöscht, auch wenn meine Frau und meine Tochter noch eine Weile an mich denken würden. All mein Tun und Engagement, alle meine Titel, alle von mir geschriebenen Bücher wären nur mehr Tand und ich würde, wie alle anderen vor mir und nach mir, in das Meer der Vergessenen eintauchen und versinken. Es ist dann, als wäre ich nie gewesen. Und wie sollte es auch anders sein, wenn man bedenkt, welch winziges Staubkorn wir Menschen im Grunde sind!

Auch wenn ich die Gnade vom Schicksal bekommen habe, bereits 70 Jahre leben zu dürfen, möchte ich natürlich noch einige Jahre mehr auskosten. Wenn man nicht plötzlich, sondern langsam und bei vollem Bewusstsein stirbt, muss der nahende Tod etwas Schreckliches sein! Nie mehr die frische Luft einatmen, nie mehr die Sonne auf der Haut spüren, nie mehr schöne Landschaften sehen, nie mehr ein herrlich duftendes Gericht mit einem edlen Wein genießen, nie mehr von deiner geliebten Frau und ebenso geliebten Tochter ein Lächeln oder Streicheln zu verspüren und vieles mehr!
Nie mehr!

Es hilft hier nichts, außer dem Schicksal mutig ins "Auge zu schauen"! Was würde ich da dafür geben, in fester Überzeugung sagen zu können: „Das Schönste kommt erst!" Mir bleibt auch ohne diese Überzeugung, nichts anderes übrig, als optimistisch zu sein, und mit dem Grundsatz Hoffnung wider alle Hoffnung einigermaßen positiv zu überleben. Denn sonst würde ich Gefahr laufen, das Lachen im Leben zu verlieren. Und wer will das schon? Ich nicht!

Das Leben ist nicht immer ein Zuckerschlecken, schon gar nicht im Alter!

So wunderbar wie der heutige Tag war, voller Licht, Sonne pur und frühlingshaften Temperaturen, so herrlich ist der Abend mit herausgeputztem Sternenhimmel anzusehen. Man könnte ewig so dastehen, nur schauen und die Gedanken treiben lassen. Nur fröstelt man beim Blick zu den Sternen sehr rasch, da es in der Nacht sehr abgekühlt hat.

*

Es ist bei der OP meiner Achillessehnenruptur alles gut gegangen! Hurra! Mein „Ende“ ist Gott sei Dank doch nicht eingetreten, was natürlich mit größter Wahrscheinlichkeit zu erwarten war, aber man weiß ja nie! Die OP war zwar etwas schwieriger als normalerweise, denn der operierende Arzt musste aus der großen Zehe eine Sehne in die Achillessehne transplantieren, was einen 15 cm langen Schnitt an der Achillessehne nötig machte. Wenn ich nur daran denke, schaudert es mich.

Die OP ist aber gar nicht so sehr das Problem. Problematisch ist die viele Wochen dauernde Nachbehandlung, was in meinem Fall mindestens acht Wochen Rollstuhl und „Schischuh“ tragen bedeutet, letzteres Tag und Nacht. Dazu einmal pro Woche mit dem Rollstuhl oder nach der 6. Woche mit Krücken zur ärztlichen Nachuntersuchung bzw. jeden zweiten Tag zum Physiotherapeuten gehen.

Rollstuhl ins Auto wuchten, Rollstuhl wieder rausheben, wieder rein und nochmals raus. Das muss ich meiner Frau leider zumuten, auch wenn es für sie Schwerstarbeit bedeutet. Denn ich kann ihr dabei nicht helfen. Und nicht immer ist jemand zum Helfen in der Nähe.

Für mich sind diese Wochen eine Art „Crash-Kurs“ für später, wenn ich einmal vielleicht im Alter auf fremde Hilfe angewiesen sein werde. Schon jetzt und vielleicht auch später gilt es dann, Klamotten, Geschirr, Lebensmittel aus den Schränken, die höher als das Rollstuhlfahrerniveau sind, holen zu lassen und darüber hinaus Hilfe von Helfern im Krankenhaus und der Ehefrau zuhause beim Duschen und Ankleiden in Anspruch zu nehmen. Die Mahlzeiten bringen und servieren zu lassen, das alles ist äußerst gewöhnungsbedürftig, obwohl sich meine Frau große Mühe gibt, mir den Alltag zu erleichtern. Aber die Liste der Einschränkungen geht ja noch weiter: Nicht selbst Auto fahren zu können, immer im Haus bleiben zu müssen, und zwar nur im Erdgeschoss, weil Treppen für mich mit einer riesigen Orthese und zwei Krücken auf Wochen nicht zu schaffen sind. Arzt- oder Physiotherapeuten-Termine sind die einzigen „Ausflüge“, und dies, obwohl seit Tagen der Vorfrühling mit gleißendem Sonnenschein ausgebrochen ist.

Für mich ist diese achtwöchige Einschränkung natürlich äußerst lästig und belastend. Aber, wie muss es erst sein, wenn man durch Unfall, Krankheit oder Alter zum „Rollstuhlfahrer auf Lebenszeit“ wird?! „Schrecklich“ beschreibt nur unzulänglich dieses Gefühl, das man dabei wohl haben muss. Ich bedauere und bewundere gleichzeitig solche Menschen!
Welche „Stärke“ müssen diese vom Schicksal Getroffenen aufbringen, damit sie einigermaßen mit ihrer Situation zurechtkommen?! Denn auch sie haben nur dieses **eine** Leben!

Und auch hier muss ich leider wieder feststellen, wie bisher bereits so oft, dass das Leben in dieser Welt total ungerecht ist! Der eine tanzt noch mit 80 Jahren Rock and Roll, der andere sitzt von Geburt an im Rollstuhl, und kann sich z.B. aufgrund einer Querschnittslähmung kaum bewegen. Diese Liste von Ungerechtigkeiten im Leben könnte man noch lange fortsetzen!

Seit Geburt im Rollstuhl sitzen zu müssen, ist Gott sei Dank aber äußerst selten!

Nicht gar so selten ist es aber, im Alter auf fremde Hilfe angewiesen zu sein. Und das muss verkraftet werden! Dazu braucht es viel Geduld, Demut und Willensstärke. Denn nur die Wenigsten bleiben im Alter so fit wie z.B. Queen Elizabeth und ihr Prinzgemahl, der bis hoch in den Neunzigern sein Auto noch gerne selbst chauffierte, bis ein Unfall seiner Autofahrerkarriere ein Ende setzte.

Unter diesen Aspekten erscheint mir der Wunsch, möglichst lange zu leben, vielleicht sogar 100 Jahre alt zu werden, gar nicht mehr **so** erstrebenswert wie früher.

Aber auch hier gilt: *Das Leben genießen, so weit es geht und nicht an das Kommende denken, aber dennoch die notwendigen Vorkehrungen treffen.*

„Küss mich, halt mich, lieb mich!“ Alles vorbei?! Ja, aber schön war´s!! Und schön ist es auch noch im Alter, wenn man Glück hat!

Der Nachthimmel ist wie am gestrigen Abend wieder wunderschön, es ist aber ziemlich frisch. Wahrscheinlich ist das nur vorübergehend so, denn Ende Februar ist ja dem Kalender nach noch „Winter“! Und da sollte eigentlich Matsch und Schnee oder Regen das Wetter bestimmen. Vielleicht ist es aber auch nur die positive Seite der ansonsten beklagten Erderwärmung!? Oder es ist nur Zufall?! Wer weiß?

*

Ich muss es leider eingestehen. Ich habe neben meiner etwas eigenartigen Angewohnheit, spät nachts am Fenster den Himmel zu beobachten, noch eine andere „Schrulle“. Ich sehe mir im Fernsehen gerne Schlagersendungen an. Da höre ich schon den Aufschrei der sog. „Intellektuellen“ und aller, die bemüht sind, als solche zu gelten: „Das ist doch Schrott, unterstes Niveau, Herz-Schmerz-Klamauk, nichts anderes als eine Traumwelt!“

Und genau deshalb liebe ich Schlagersendungen so sehr.

Schlager entführen mich in eine Traumwelt voller Glitzer, fern der Realität, was mich aufs Angenehmste von der manchmal äußerst schwer erträglichen Wirklichkeit ablenkt, die einem täglich z.B. in den Fernsehnachrichten hautnah serviert wird.

Für den heutigen Abend war wieder eine furiose Schlagerfestsendung im Fernsehprogramm angekündigt, die ich natürlich mit großem Vergnügen in mich „reinzog“, die aber meine Frau nicht mag. Dem Erfinder von Kopfhörern sei Dank, er rettet in solchen Fällen zuverlässig den Ehefrieden.

Noch lebhaft erinnere ich mich an eine ganz besonders hübsche Sängerin, deren Namen ich leider vergessen habe. Sie sang mit wunderbar samtener Stimme und Anmut das Lied „Halt mich, küss mich, lieb mich!“ Da taten sich meine „Erinnerungskanäle“ ganz weit auf und vor meinem inneren Auge erschienen Bilder, die ich eigentlich schon längst abgelegt hatte, die aber nun wieder ins Bewusstsein drängten.

Sehr genau erinnere ich mich an ein Mädchen, in das ich mit ca. 17 Jahren schrecklich verliebt war. Wir verbrachten Stunden bei Mondschein im Park auf einer Bank, ohne viel anderes zu tun als zu schmusen und uns anzuschmachten. Lebhaft kann ich mich noch heute an den Duft ihres Make-ups erinnern, der sich durch die Schmuserei auf meine Lippen und mein Gesicht übertragen hatte und mich noch lange danach aufs Angenehmste an die vergangenen Zärtlichkeiten mit dem geliebten Mädchen erinnerte.

Meist war so eine Liebschaft jedoch nicht von allzu langer Dauer! Schmerz über die Trennung und vor allem Wut auf denjenigen Typen, der mir meine „Schöne“ ausgespannt hatte, überstrahlten natürlich einige Zeit die Gefühlslage und zwar so sehr, dass man meinte, die Welt gehe unter. So tief der Schmerz auch war, so rasch war er meist wieder vorbei. **Nach** der „Liebe“ ist **vor** der „Liebe“, war unsere Devise. Und es begann wieder die „Pirsch“ nach einem „Steilen Zahn“, wie wir unter uns hübsche, begehrenswerte Mädchen nannten. Im Erwachsenenleben ging das, zwar etwas modifiziert, aber prinzipiell ähnlich weiter, bis man verheiratet war. Als ich die Fünfzig überschritten hatte, ging die Misere mit meinen Bandscheiben und anderen Zipperleins los, was mich sehr belastete. Damit kam nun langsam, aber immer intensiver die „Last“ des „Alters“ zum Tragen.

Junge Frauen, die früher rein theoretisch in mein Beuteschema gepasst hätten, grüßten mich nun immer öfters als Erste, auch wenn sie mich nicht kannten. Da kam mir die Ermahnung meiner Volksschullehrerin in den Sinn: „Alte Leute muss man immer freundlich grüßen!“ Und ich habe schon erleben dürfen/müssen, dass sich junge Frauen bückten, wenn mir an der Parkuhr aus Versehen ein „Zehnerl“ runtergefallen war bzw. dass sie mir in der U-Bahn ihren Platz anboten.

„Alles hat seine Zeit!“ heißt ein weiser Spruch in der Bibel, aber es ist für mich schwer zu akzeptieren, dass in meinem Alter nun ein anderes „Kapitel“ aufgeschlagen worden ist. Denn jede junge Frau würde es wohl heute als Belästigung empfinden, wenn ein älterer Mann wie ich sie anmachen würde.
Nur sehr selten kommt es vor, dass zwischen einer jüngeren Frau und einem weitaus älteren Mann eine Symbiose des Verstehens entsteht. Einem meiner Freunde ist dies passiert. Als er aber versuchte, Zärtlichkeiten mit seiner weitaus jüngeren „Liebsten“ auszutauschen, wehrte sie ab und sagte, dass er ihr dafür zu alt sei…

Mittlerweile muss man als älterer Mann aufgrund der zur Zeit sehr intensiv geführten, und sicherlich berechtigten Diskussion über sexuelle Übergriffe sehr aufpassen, nicht als „Lüstling“ oder „alter Depp“ angesehen zu werden, wenn man ein klein wenig zu lange seinen Blick auf einer begehrenswerten jungen Frau ruhen lässt oder sie gar anspricht, was sehr schnell als üble „Anmache“ verstanden wird.

Das ist aber nur die eine Seite der „Medaille“. Die andere Seite ist eine über 40jährige Partnerschaft mit meiner Frau, die im Laufe der vielen Jahre immer inniger geworden ist, obwohl wir beide alles Erdenkliche unternommen haben, an diesem Band zu zerren. Es ist ein wunderbares Gefühl, einen Menschen zu haben, bei dem man sich geborgen fühlen kann, was immer auch kommen mag.
Deshalb sollte man dieses gemeinsame Leben genießen, so lange es noch möglich ist und nicht daran denken, wie es einmal war oder wie es einmal sein wird, denn auch jetzt und künftig gilt genauso die im Schlager besungene Sehnsucht: “Küss mich, halt mich, lieb mich!“ Vielleicht sogar noch etwas intensiver und tiefer!?

Das „Faschingsgetümmel“ bewegt sich immer mehr gegen „Null“!

Heller Mondschein und glitzernde Sterne der Nacht treten schon seit einigen Tagen in „Konkurrenz“ mit der strahlenden Sonne am Tag. Fast traumhaft, wenn man sich noch den dazu gehörigen Pulverschnee vorstellt, der in den Bergen noch in Massen liegt und im Hochgebirge selbst im März noch herrliche Pisten garantiert.

*

Noch nie war der Fasching in Niederbayern, wo ich aufgewachsen bin, auch nur ansatzweise mit dem „Karneval“ in den Faschingshochburgen Mainz und Köln vergleichbar. Natürlich auch nicht in meiner Jugendzeit in den Sechzigerjahren. An Faschingsumzüge kann ich mich nicht erinnern, wohl aber an vier grobschlächtige Burschen, die an einem Faschingsdienstag als Metzger verkleidet, blutige Schweine- und Rinderkeulen aus dem Schlachthaus der Stadt schwingend, johlend und lärmend ein Stück Wegs durch die Stadt trugen, um bald beim „Weißbräu“, dem inoffiziellen „Mittelpunkt“ der Stadt, einzukehren und dort ihren „Faschingsumzug“ mit einem Fass Bier abzuschließen. Dies war jedoch meines Wissens nur eine einmalige Aktion.

Fasching mit Kostümen war schon eher bei den Ballveranstaltungen anzutreffen, die die Schülermitverantwortung des Gymnasiums der Stadt durchführte. Da war ich eifrig dabei, schon allein deshalb, weil ich als Schulsprecher die Gestaltung des Oberstufenballs mit Maskenprämierung innehatte. Aber auch, weil man hier recht ungeniert an Mädchen rankam, die vielleicht ansonsten etwas schamhaft oder hochnäsig „zugeknöpft“ gewesen wären. Denn an Fasching war zwar nicht alles, aber Vieles erlaubt. Schon allein so ein wunderbares, anbetungswürdiges Mädchen leibhaftig im Arm halten zu können und beim Walzer sie ungeniert möglichst dicht an sich heran zu drücken, wie wir es im Tanzkurs gelernt hatten, war eine super Sache, die der Fasching mit sich brachte.

Auch von der katholischen Jugend wurden im Kolpingssaal der Stadt Maskenfeste veranstaltet, allerdings unter Aufsicht des Kaplans, der dann auch um Mitternacht am Faschingsdienstag mit einem Reisigbesen bewaffnet, den Fasching „auskehrte“ und die Fastenzeit unerbittlich pünktlich um 24.00 Uhr beginnen ließ.

Während des Studiums in München hatte der Fasching bei mir für meine Verhältnisse „Hochkonjunktur“, z.B. auf den berühmten „Münchner Weißen Bällen“ im „Haus der Kunst“ oder bei den „Mediziner-Bällen“ im Schwabinger Bräu. Mit den rheinischen „Jecken“ in Köln und Mainz konnten wir uns natürlich nicht messen, aber für mich war´s im Vergleich zu meinen niederbayerischen Erfahrungen auf Kolpings-Bällen schon eine erhebliche Steigerung der „Verruchtheit“ im Fasching.

In der Zeit nach dem Studium verlief die Beteiligung am Faschingstrubel so: Anfangs gingen meine Frau und ich pro Saison auf ein bis zwei, höchstens aber drei Faschingspartys, meist im privaten Kreis, nur selten auf offizielle Faschingsbälle. Am Faschingsdienstag besuchten wir, immer maskiert und lange Zeit noch mit unserer Tochter, das offizielle Faschingstreiben, das auf Plätzen und Straßen der Stadt veranstaltet wurde. In früheren Jahren konnte es passieren, dass wir noch mit Freunden und Bekannten in einer der Kehraus-Kaschemmen der Stadt „versumpften“ und am Aschermittwoch mit brummendem Schädel aufwachten. Die sehr viel bekömmlichere und folgenlosere Art und Weise, den „Kehraus“ zu feiern, bestand darin, den Abend mit den rheinischen Karneval-Prunk-Sitzungen am Fernseher zu verbringen, was wir im Laufe der Jahre der aktiven Teilnahme am Faschingstreiben immer mehr vorzogen.

Schon vor vielen Jahren beschränkten sich unsere Faschingsturbulenzen aber hauptsächlich auf einen Durchgang durch die Feiermeile der Stadt, meist unmaskiert, den wir mit einem Nachmittagskaffee mit Faschingskrapfen abschlossen.
Mittlerweile beschränken wir uns nur mehr auf Kaffee und Krapfen am Nachmittag des Faschingsdienstags, aber die sind auch schon

manchmal ausgefallen, da wir vergessen hatten, dass Faschingsdienstag ist. An einen Besuch der immer noch stattfindenden Feiermeile in der Stadt denkt keiner mehr!

Wenn man mir vor 50 Jahren gesagt hätte, dass sich mein „Faschings-Trubel“ einmal auf fast „Null“ reduzieren würde, hätte ich ihm nicht geglaubt, denn damals war ich noch der Überzeugung, wenn ich eine „Faschingsgaudi“ auslasse, versäume ich etwas vom Leben. Und dies war gut so, denn man soll genießen, so lange man Gelegenheit dazu hat und diese noch wahrnehmen kann.

Irgendwer hat mir einmal erzählt, dass das Leben wie ein Fließband ist, auf dem Kerzen an dir vorüberziehen. Jede Kerze, die du versäumst, anzuzünden, ist für dich unwiederbringlich verloren, sie kommt nie wieder. Recht hat er!

„Zwoa Bredl, a gfüariger Schnee, Juchee…!“ Damit ist es wohl vorbei!?!

Der Vollmond beleuchtet die weiße Landschaft fast taghell. Was niemand mehr gedacht hat, ist eingetreten. Es hat den ganzen Tag dicke Flocken geschneit und die Landschaft wie mit weißer Zuckerwatte zugedeckt. Viele ärgern sich darüber, dass es mit dem schon nah gewähnten Frühling doch noch nichts geworden ist. Mich dagegen freut es, dass die Landschaft nochmal ganz weiß geworden ist, weil mich dies an meine geliebte Schifahrerzeit erinnert.

*

Wir niederbayerischen Dorfbuben sind fast alle Schi gefahren, allerdings nicht im Gebirge, sondern auf unserem „Dorfbergerl“, das wir großspurig „Berg-und-Tal-Bahn“ nannten. Unsere Schiausrüstung, insbesondere die Schibindung, war abenteuerlich primitiv, was uns jedoch nichts ausmachte, weil wir es nicht anders kannten. Wir fuhren nur Schuss, das heißt ohne Bögen, die Piste runter. Bogen fahren war uns nicht bekannt. Unsere „Piste“ wäre dafür auch zu kurz gewesen.

Die erste Bekanntschaft mit dem Schifahren im Hochgebirge machte ich beim Schikurs, den unser Gymnasium jeweils mit den Schülern der 10. Klasse veranstaltete. Das war herrlich, denn ich hatte noch nie das Gebirge gesehen, schon gar nicht ein verschneites. Deshalb war es für mich faszinierend schön, in dieser Umgebung das Schifahren von der Pike auf zu lernen.

Dieses Vergnügen setzte ich als Erwachsener mit meiner Frau, später auch noch mit unserer Tochter fort, indem wir uns an Wochenenden oder auch eine ganze Urlaubswoche lang die Freude machten, im Hochgebirge dem Hobby Schifahren zu frönen. War das schön und faszinierend, mit den Schiern auf dem Gipfel eines Berges zu stehen und den Blick über die herrlich überzuckerte Bergwelt schweifen zu lassen! Die gute Luft und die Sonnenstrahlen, die warm das Gesicht umspielten, waren so schön, „wie wenn dir der Herrgott selbst seine Hand reichen würde“, philosophierte ich immer bei diesem Anblick. Das genossen wir, bis ich mit 50 Jahren meinen ersten und drei Jahre später meinen zweiten Bandscheibenvorfall hatte, der nun auch operiert werden musste, da im linken Bein schon eine Lähmung sich bemerkbar machte. Nun war mir das Risiko zu groß, durch einen Sturz beim Schifahren meinen Rücken evtl. endgültig zu ruinieren. Deshalb hängten wir, meine Frau aus Solidarität mit mir, dieses wunderschöne Hobby evtl. 10 bis 15 Jahre früher, als es wohl altersmäßig ohnehin notwendig geworden wäre, an den Nagel, wie man so schön sagt.

Bis heute fahren wir aber fast jeden Winter „in den Schnee“, wie wir jetzt sagen, und genießen die Schönheit der weiß überzuckerten Berggipfel von der Bergstation eines Liftes aus. Es fehlen uns nur noch die Pelzmäntel! Denn dann würden wir die „Nachfolger“ der früher von uns als „fette alte Säcke“ verachteten, mit Pelzmänteln behangenen und mit Designersonnenbrillen ausgestatteten Senioren oder feine „Dämchen“ sein, die unserer damaligen Ansicht nach, auf einem Berggipfel nichts verloren haben, wenn sie nicht Schi fahren.

Heute denken wir anders! So ändern sich die Zeiten!

Frei wie ein Vogel?! Aber nur bedingt und auf Abruf!

Wie zu erwarten war der Neuschnee nur von kurzer Dauer. Fast schon orkanartige Stürme mit Regen machten dem letzten Schnee den Garaus. Nun ist wieder die grau-braune Grundierung der Landschaft, die ich im Winter so gar nicht mag, in den Vordergrund getreten. Und vereinzelt, heute früh habe ich es beobachten können, spitzen schon Krokusse aus dem Boden hervor, auch Tulpen und Narzissen haben ihr grünes Gewand schon aus der Erde geschoben. „Schneeglöckchenbüschel" erfreuen das Auge ja schon länger mit ihrem erfrischenden Weiß, das schon langsam wieder ins Grüne mutiert. Die Vögel haben es schon kreuznotwendig mit ihrem geschäftigen Nestbau, und Spatzen touren übermütig durch die Lüfte.

*

Das erinnert mich an einen sehr lieben Studienkollegen, der mit mir zu promovieren begann, sehr bald aber enorme psychische Probleme bekam. Er bewegte sich zwischen himmelhoch jauchzend und zu Tode betrübt. Und er kam leider nie mehr auf die Beine. Nach vielen und langen Aufenthalten in der geschlossenen Psychiatrie verstarb er vor einigen Jahren ganz armselig mit etwas über siebzig Jahren.

Früher, wenn er psychisch gut drauf war, provozierte er mich gerne, in dem er zu mir sagte: „Ich bin frei wie ein Vogel, die Türe meiner Behausung ist immer offen und ich kann herausfliegen, wie und wann immer ich will." „Du aber, bist ein Vogel in einem Käfig mit verschlossener Türe! Du musst täglich von früh bis spät an deinem Schreibtisch sitzen und tun, was dein Arbeitgeber von dir verlangt!"

Nun, in der Pension, bin ich auch frei wie ein Vogel! Ich kann im Grunde jeden Morgen bestimmen, was ich an diesem Tag unternehmen will. Wenn das Wetter schön ist, kann ich mit meiner Frau spazieren gehen, im Sommer zum Schwimmen oder einfach zum Relaxen an einen See fahren. Wir können auch Tagesausflüge oder Kurzreisen unternehmen sowie längere Urlaube antreten, wenn wir wollen. Im Grunde könnten wir uns monatelang in einer schönen

Gegend einmieten, wie es viele Pensionäre tun, z. B. auf Mallorca, auf griechischen Inseln, in Italien, Spanien oder wo auch immer. Im Grunde könnten wir uns auch eine Weltreise leisten. Von Kunstausstellungen oder Musik- und Theateraufführungen bis hin zu Vorträgen oder auch Seniorenstudiengängen an der Uni könnten wir ebenfalls alles machen. Zeit und Geld würden dafür ausreichen. Es gäbe auch unwahrscheinlich viele Wissens- und Fachgebiete, die es wert wären, sie sich näher anzusehen. Kürzlich erzählte mir ein Diamanten-Experte von seinen Expeditionen in Südamerika und Afrika auf der Suche nach Edelsteinen. Wie interessant und spannend! Und ich hatte davon keine Ahnung wie ich auch von den meisten anderen Wissensgebieten keine Ahnung habe.

Es ist sicher in jedem Alter höchst interessant und gewinnbringend, wenn man Unbekanntes kennenlernt. Ein vorher unbekanntes Fachgebiet, ein fremdes Land, unbekannte Menschen und deren Biografien und Lebenserfahrungen. Die Welt ist voller Geheimnisse, die erforscht, aufgedeckt oder kennengelernt werden wollen. Aber hier ist es natürlich wie bei dem bereits erwähnten kleinen Jungen, der mit einem winzigen Löffelchen das Meer ausschöpfen möchte. Irgendwann muss man einsehen, dass die Zeit sowie die Kapazitäten des Menschen begrenzt, ja sehr begrenzt sind. Da zeigt sich, wie winzig das menschliche Erfassen der Welt ist, selbst wenn man aus dem Staunen nicht herauskommt, was die Menschheit in allen Jahrtausenden schon erdacht, erforscht und erfunden hat.
Aber auch anderes zeigt uns Grenzen unseres „Freiseins-wie-ein-Vogel“ auf. Da ist schon einmal die immer geringer werdende, altersbedingte Belastbarkeit des Menschen auf allen Ebenen. Auf gesundheitlichem Sektor bemerkt man dies am frühesten. „Man wird nicht jünger!“, heißt eine eigentlich banale, aber zutreffende Wahrheit. Lange Flugreisen, Klimawechsel im Zeitraffer durch weit entfernte Reiseziele sind schon in jungen Jahren belastend, um wie viel mehr im fortgeschrittenen Alter! Aber auch die Verpflichtungen in „Haus und Hof“ fordern ihren Tribut. Renovierungen stehen an, Gartenpflege, Pflege der Familie und des Bekanntenkreises erfordern die persönliche Anwesenheit, selbst wenn man auch Vieles delegieren

kann. Gleichaltrige Nachbarn sind auf eine griechische Insel ausgewandert, kommen jedoch ungefähr jedes halbe Jahr in ihre Heimat zurück, weil sie hier ihre Arzt-, Zahnarztbesuche und falls nötig auch OP-Termine wahrnehmen.

Und am entschiedensten zählt m. E., dass das „Freie-Vogel-Dasein“ schon einmal durch ein sehr langes und manchmal auch hartes Arbeitsleben erkauft wurden muss und nach einer Pensionierung mit 65 Jahren diese Freiheit nicht mehr gar so lange währt. Es mögen einem mit etwas Glück noch 15 Jahre bleiben, wenn man von diesem statistisch schon sehr optimistisch errechneten „Sterbealter“ ausgeht. Davon sind höchstens, wieder sehr positiv denkend, maximal noch 10 Jahre „gute“ Jahre. Den verbleibenden Rest nenne ich gerne „Mansardenjahre“. Da hat man nicht mehr immer die „Stehhöhe“ eines „vollen“ Lebens. Da geht es oftmals mehr schlecht als recht auf das Ende zu, gespickt mit physischen und psychischen Beschwerden, wenn z.B. der „Supergau“ eintritt, dass der geliebte Partner stirbt oder man selbst nur mehr mit Krücken, Rollstuhl und/oder einem Sack voller Medikamente oder gar an einer Leben erhaltenden Maschine hängend dahinvegetiert.

Und das ist nicht nur Pessimismus oder Schwarzseherei! So kann es sein und das erwartet uns mit großer Wahrscheinlichkeit, wenn man nicht mit 100 „pumperlgsund“ durch einen Herzinfarkt oder ein „Gehirnschlagerl“ gnädig abtreten kann. Aber, wie viele haben so ein Glück?! Und man darf nicht vergessen, dass sich viele Menschen nach ihrer Verrentung nicht wie ein „freier Vogel“ fühlen können, weil sie schon in diesem Alter krank und/oder behindert sind, ihre Rente nicht „zum Leben und nicht zum Sterben“ reicht, schon gar nicht für ein schönes, großes Haus mit Garten. Von Urlaubsreisen in ferne Länder oder einem behaglichen Überwintern im Süden ganz zu schweigen! Und von den hungrig und „unbehaust“ dahinvegetierenden Menschen in Entwicklungsländern und Slums möchte ich gar nicht reden.
Es ist eben alles relativ. Auch das „Frei-wie-ein-Vogel-Gefühl“!

Die „Jugend“ vergeht! Unaufhaltsam und immer schneller!

Heute begann kalendarisch das Frühjahr und als hätte der „Kalender“ sich bei der „Natur“ ein entsprechendes Wetter ausbedungen, zeigte sich der heutige Tag von seiner allerschönsten Seite. Sonne pur, ein wunderbar sonniger Tag mit Temperaturen bis 20 Grad trieb die Menschen aus ihren Häusern und Wohnungen. Unter Vogelgezwitscher legten sich so manche Sonnenhungrige bereits in die gleißende Sonne. Die Nacht prunkt nun mit einem hell erleuchteten Vollmond, als wolle sie mit dem Tag konkurrieren möchte. Der Garten liegt still, hell von Mond und Sternen erleuchtet, vor meinen Augen, die wieder mal zur späten Stunde fast philosophisch angetörnt, Ausschau gen Himmel halten.

*

Ich habe heute Morgen frühere, 20 bis 40 Jahre zurückliegende Fotos von mir mit aktuellen verglichen und bin zu einem niederschmetternden Ergebnis gekommen, das mich sehr deprimierte. Es waren alte Fotos aus meiner „Glanzzeit“, so empfinde ich wenigstens meine Zeit um die Vierzig, die ich mit Fotos von mir mit 60 bzw. nunmehr schon 70 Jahren verglich.

Meine Frau findet das nicht gut, aber ich kann doch nicht die Augen verschließen und zu mir sagen: „Mensch, du bist aber gar nicht gealtert!“, ohne mich selbst zu belügen?! Bei aller Sympathie für mich selbst, stimmt das einfach nicht, denn die Lebensjahre bleiben eben nicht ohne Folgen. Ganz konkret konnte ich dies bei einem kürzlichen Klassentreffen mit meinen ehemaligen Kameraden aus der Volksschule, die ich ca. 60 Jahre nicht mehr gesehen hatte, erleben. Sehr viele der ehemaligen Schulkameraden fragten mich, wer ich sei und bei vielen rätselte ich, wer das aus meiner ehemaligen Klasse sein könnte. Nicht schlecht erschrak ich, als sich mir meine Jugendliebe zu erkennen gab. Da musste ich aber ganz schnell das Bild von einem jungen, gertenschlanken, süßen Mädl durch das Bild einer

Frau mit einem vom Leben gezeichneten Gesicht und einer „ausladenden“ Figur in meinem Gedächtnis ersetzen.

Auch wenn man den österreichischen Schlachtruf „Jung sama, fesch sama!“ trotzig vor sich herruft, wird wohl jeder realistisch denkende und fühlende Mensch mir zustimmen, dass die „Jugend“ mit zunehmendem Alter vergeht, beim einen schneller, beim anderen langsamer. Aber sie geht zweifelsohne, unaufhaltsam und nie ohne Folgen!! So gut wie jede(r) bekommt Falten oder sogar Runzeln im Gesicht, schlaffe Haut, einen Bauch oder viele Männer sogar eine richtige Wampe. Natürlich werden die Haare mehr oder weniger grau, wenn sie nicht regelmäßig gefärbt werden oder sie es nicht vorgezogen haben, ganz auszufallen und meist bei Männern einem „Kahlschädel“ Platz machen.

Natürlich wehren sich Frauen wie Männer mit vielen Mitteln gegen den Verlust der Jugend, drastisch ausgedrückt gegen den „Verfall“! Frauen noch viel mehr und intensiver als Männer. Die meisten Damen schminken sich mit allen Mitteln und Raffinessen, lackieren Finger- und Zehennägel, feilen und schnippeln, lassen sich bei immer häufigeren Friseurbesuchen immer wieder zu noch „kreativeren“ Schnitten überreden, kaufen alle erdenklichen Mittel oder besser gesagt, „Mittelchen“, um die Haut, vor allem auch das Dekolleté zu straffen oder straff zu erhalten. So manche, die das auf sich nehmen wollen und das nötige Kleingeld besitzen oder noch besser, es von ihrem Gemahl bekommen, legen sich unters nicht immer erfolgreich agierende Skalpell eines Schönheitschirurgen, um den Busen zu verkleinern oder zu vergrößern, die Nase zu begradigen oder aus Gesicht und Hals die Falten weg zu straffen.

Männer haben da viel weniger Möglichkeiten, aber auch oftmals weniger Interesse daran, obwohl das Aussehen sowie die modische Aufmachung bei Männern immer rasanter an Bedeutung zunimmt, wenn man den einschlägigen Gazetten glauben darf.

Und selbst wenn Männer und Frauen wirklich alle Möglichkeiten ausgereizt haben, die Jugendlichkeit zu erhalten bzw. zurückzuholen, wird es irgendwann lächerlich, wenn man als alter Mensch noch immer dem Jugendwahn nachrennt und nicht begreift, dass die Jugend schon längst gegangen ist und das Alter still und leise, aber unabwendbar eingetreten ist.

Dies kann nicht selten ein depressives Lebensgefühl generieren, wenn man es nicht schafft, die negativen Alterserscheinungen, wie Verlust der Attraktivität und Spannkraft, aber auch der erotischen Ausstrahlung, der Leistungsstärke und Kraft und nicht selten auch der Merk- und Lernfähigkeit sowie manchmal auch der Seh- und Hörfähigkeit als einfach gegeben ansieht, woran man nur wenig ändern kann. Das ist einfach so! Das muss man akzeptieren und sich vielleicht auch ein wenig hineinfallen lassen in das Unausweichliche, wobei eine gewisse Melancholie im Gedenken an die herrliche Zeit der Jugend erlaubt sein muss.

Wem es hilft, trotz sichtbaren Verlusts der Jugend, sich mit dem bereits erwähnten, autosuggestiven Stimmungsmacherruf „Jung sama, fesch sama!“ aufzutoppen, der soll es tun!

Wem es hilft, sich an der Behauptung aufzurichten, dass mit dem Alter die Weisheit einhergehe, mag so denken. Ich habe von der Zunahme der Weisheit mit zunehmendem Alter bei mir noch nichts bemerkt.

Mir ganz persönlich geht es mit dem Verlust der Jugend so wie dem Besitzer eines herrlichen Schlosses, der es sehr genoss, so schön und prächtig zu wohnen. Er wusste jedoch, dass er das Schloss finanziell nicht lange halten kann. Also verkaufte er es nach einigen Jahren und war zunächst froh, von dieser Last befreit zu sein. Mit den Jahren verklärte sich jedoch die Zeit im Schloss in seiner Erinnerung sehr und er sehnte sich ins Schloss zurück. Aber eine Rückkehr war nicht mehr möglich. So unumkehrbar ist es auch mit der verloren gegangenen Jugend. Sie ist weg! Aber die Sehnsucht nach ihr bleibt.

Immer wieder höre ich Leute sagen, dass sie keinesfalls mehr jung sein möchten! Und wenn, dann nur mit ihrer jetzigen Lebenserfahrung. Ich möchte dagegen jederzeit wieder jung sein! Ja, ich gäbe alles dafür, nochmal jung zu sein und das Leben nochmal zu leben, selbst wenn es genauso wie mein jetziges verlaufen würde. Und keinesfalls möchte ich dann meine jetzigen Lebenserfahrungen haben, denn was wäre das für eine Jugend, voller Vernunft, „Weisheiten" und schlechten Erfahrungen? Wo blieben die Dynamik, die Spontaneität und die überschäumende Ungestümheit und wo das rauschhafte Lebensgefühl mit einer grenzenlos scheinenden Zukunft?

Aber, wir hatten ja schon „unsere" Jugend! Und im Leben gibt es nichts zweimal, denn jede Lebenssekunde ist einmalig und unwiederbringlich! Und noch etwas Wichtiges: Wenn man zu sehnsüchtig und zu selbst vergessend in seinem Leben zurückschaut, versäumt und verliert man sein aktuelles Leben, das wir auch nur einmal erleben können!

Er/sie ist „heim“ gegangen. Aber wo ist „daheim“?!

Die letzten Tage war so herrliches Wetter, dass man meinen konnte, es sei nicht erst April, sondern bereits Mai oder Juni. Die Temperaturen bewegten sich so um 20 Grad. Deshalb ist es auch jetzt um Mitternacht, wenn ich bei offenem Fenster in unseren nächtlichen Garten schaue, noch relativ warm. Ein laues „Lüfterl“ streichelt meine Nase mit einem herrlichen Duft der bereits aufblühenden Sträucher und Obstbäume. Obwohl der Mond schon sehr abgenommen hat und nur mehr mäßig leuchtet, kann ich die gelb strahlenden Forsythien im nächtlichen Garten gut erkennen.

Zu diesem anheimelnden Naturerlebnis passt gar nicht die Todesanzeige eines lieben Freundes, die ich heute Morgen in der Zeitung zu meinem Entsetzen lesen musste. Die Überschrift der Todesanzeige lautete: „Mein geliebter Mann, Vater und Bruder ist **heim** gegangen!“ Wie schön und tröstlich umschreibt diese Formulierung das, was dahintersteckt, nämlich dass ein Mensch gestorben ist, dass er tot ist und sein Leben von Geburt bis zum Tod endgültig abgeschlossen und beendet ist.

Oft spricht man auch bei Todesanzeigen vom **„Heimgang“** eines lieben Menschen. Aber, wohin ist er denn „heim gegangen“?

Heim gehen bedeutet doch, dass ich an einen Ort gehe, wo ich hergekommen bin. Und das ist dann ein Ort, der mich trägt, der mich anheimelt, geborgen und sicher sein lässt, den ich in allen Winkeln kenne und wo ich mich ungezwungen wohlfühlen kann?

Aber, wo ist dieser Ort, diese Heimat, wenn man tot ist?

Die Religionen haben auf diese Frage unterschiedliche Antworten. Judentum, Christentum und Islam stimmen im Großen und Ganzen darin überein, dass es ein Leben nach dem Tod gibt, für die „Guten“ bei Gott, für die „Bösen“ in der Hölle. In allen drei Religionen wird auch eine Auferstehung von den Toten am Jüngsten Tag angenommen, wo endgültig gerichtet wird, wobei zwischen dem Gericht nach dem individuellen Tod und dem am Jüngsten Tag ein gewisser Widerspruch besteht. Auch die Argumentation von Paulus erscheint nicht besonders logisch und zwingend, wenn er sagt: „Weil Christus auferstanden ist, werden auch wir auferstehen.“ Das sagt sich so leicht, aber ist das logisch und kann man es auch glauben?

Eine ganz andere Antwort weisen die Weltreligionen Hinduismus und Buddhismus auf. Ziemlich übereinstimmend gehen sie von Wiedergeburten des Menschen aus, bis er sich durch ein gutes Leben das Nirwana verdient hat, das aber keine Unsterblichkeit, sondern das „Erlöschen“ des Individuums bedeutet, was in diesen Religionen das ersehnte Ziel des Menschen ist, da Leben als Leid gesehen wird.

Allen Antworten der sog. Großen Religionen ist gemeinsam, dass ihre Aussagen über das Sein des Menschen nach dem Tod sehr vage sind, was nicht verwundert, da es ja Aussagen über etwas sind, was kein Mensch wissen kann, da ja noch niemand wirklich aus dem Tod zurückgekehrt ist.

Nimmt man alles zusammen, so bleiben zwei diametral unterschiedliche Antworten auf die Frage, wohin der Mensch „heim“ geht, wenn er stirbt, übrig. Entweder kommt er wieder auf die Welt und stirbt wieder, bis er sich das „Nirwana“ durch ein gutes Leben verdient hat, was dann das Verlöschen seiner Existenz und Persönlichkeit bedeutet. Oder er lebt nach dem Tod in einer nicht ganz geklärten Form, z.B. als „unsterbliche Seele“, im „Himmel“ oder in der „Hölle“, je nach dem Ausgang des vorläufigen Gerichts, weiter, bis zum Ende der Zeiten, beim „Jüngsten Gericht“, das endgültige Urteil gesprochen wird. Eine etwas schwierige Problematik mit dem zweimaligen Gericht. Daran haben sich schon viele Theologen ohne Erfolg abgearbeitet!

In Deutschland glauben nach einer Umfrage der Bertelsmann-Stiftung nur ca. 30 % an ein Leben nach dem Tod. Dies bedeutet, dass selbst die Kirchenmitglieder auch nur zur Hälfte an das Weiterleben nach dem Tod glauben.

Wie stellen sich aber diese nicht glaubenden Menschen das „Heim gehen“ vor? Neurologen sagen, dass unsere Persönlichkeit, unser Charakter wie auch all unsere Emotionen und Denkvorgänge durch chemische Prozesse im Gehirn erzeugt werden. Mit dem Tod hören diese chemischen Vorgänge auf und das Individuum wird zu einem „Nichts“, was bedeutet, dass der gestorbene Mensch nicht „heim geht“, sondern nirgendwo hingeht, also endgültig und unumkehrbar aufhört zu existieren. Ohne es zu wissen und zu fühlen, mag er zwar noch in der Trauer und Erinnerung der ihn liebenden Menschen „daheim“ sein, aber dieses „Daheim sein“ ist nicht von Dauer. Es wird immer schwächer, bis es ganz erlischt, wenn niemand mehr an ihn denkt.

Während ich gerade sinnierend in die Nacht blicke und an verstorbene Freunde oder Verwandte denke, so sind diese in meinem Kopf genau so präsent und wirklich da wie meine noch lebenden Freunde, wenn ich an sie denke. Heimat hätte man demnach in den Gedanken der noch Lebenden, aber nur so lange, als diese noch leben. Und nur die Lebenden fühlen „Heimat“ mit den Toten, aber nicht umgekehrt. Etwas hoffnungsvoller mag es noch sein, wenn ein Mensch so Großartiges wie berühmte Künstler, Politiker, Reformer, oder z. B. Religionsgründer geleistet hat. Ob allerdings einem Verstorbenen ein Denkmal, eine Straße oder eine sonstige Ehrung widerfährt, bleibt für ihn unerheblich, da er ja davon nichts mitbekommt.

Wenn man sich diesen Aussagen auf die Frage, wohin wir Menschen nach dem Tod gehen, anschließt, so muss man sagen, dass wir nicht heim, sondern nirgendwohin gehen, dass wir absolut aufhören zu existieren.
In manchen Fällen mag das Leiden und Sterben so furchtbar sein, dass man sagt, er ist „erlöst“ worden. Dann bedeutet „heim gehen“,

von der Unerträglichkeit des Lebens befreit zu werden, falls dies der Sterbende mitbekommt.

Wenn man, wie bei der Todesanzeige meines Freundes, über einen Verstorbenen sagt, er ist heim gegangen, dann ist das ein schöner, tröstender, euphemistischer Ausdruck über etwas, das man nicht wahrhaben, nicht akzeptieren kann. Aber man weiß nichts, sondern hofft. Und Hoffnung kann sehr tragfähig, aber auch sehr fragil sein! Wer diese Hoffnung aber nicht aufbringen kann, der muss sich damit abfinden, dass sein Leben nur von der Geburt bis zum Tod geht.

Um die Anfangsfrage abschließend zu beantworten: Es scheint, wir kommen aus dem **„Nichts“** und gehen in das **„Nichts“!**
An diese Vorstellung muss man sich gewöhnen, wenn man den Antworten der Religionen nicht folgen will oder kann. Ich bin dabei, es zu versuchen…

Letztlich ist man allein!

Die Nacht ist heute stockdunkel und trotzdem schimmert das Weiß des frisch aufgeblühten Zwetschgenbaums in unserem Garten. Eine von einer Nebelschwade verdeckte Mondsichel ist bemüht, durchzuscheinen, schafft jedoch nur ein silbriges, kaltes, ja fast schon gespenstisches Licht.

Diese Himmelskonstellation bringt mich ins Grübeln. Hinter mir schläft meine Frau selig. Es ist schon weit nach Mitternacht, weshalb ich annehmen kann, dass unsere Tochter mit ihrem Mann und auch die allermeisten unserer Freunde, Verwandten und Bekannten in nah und fern, jetzt schlafen und nicht an mich denken.

Sicherlich würde jeder von ihnen sagen, dass er mir alles Gute wünscht, mir die Daumen drückt oder an mich denkt, wenn ich in eine schlimme Situation geraten würde. Natürlich würden meine Frau und meine Tochter zu mir sagen, dass sie an mich denken und gedanklich bei mir sind, aber, was hilft mir so eine Aussage, wenn ich in Narkose auf dem OP-Tisch liege bzw. einem schmerzhaften Bohrer beim Zahnarzt oder seiner „Reißzange" ausgeliefert bin! Vom „Einbau" eines Implantats mal ganz zu schweigen.

Da bin ich ganz allein, selbst dann, wenn mir einer meiner Lieben die Hand halten würde. Ebenso ist es bei Prüfungen, bei den ersten Schritten in der Ausbildung oder einer Entscheidung mit großer Tragweite, wie z.B. bei einer Krebserkrankung, wenn man sich entscheiden muss, eine Chemotherapie anzunehmen oder abzulehnen. Natürlich bekommt man von seiner Umgebung, gewollt oder ungewollt, eine Vielzahl von Argumenten oder Ratschlägen. Aber entscheiden und dann diese Entscheidung auszuhalten und durchzustehen, das muss jeder ganz allein. Wie einsam und allein müssen sich Menschen wie Pfarrer Dr. Bonhoeffer oder Pfarrer Dr. Martin Luther King und viele andere bekannte und unbekannte „Gutmenschen" gefühlt haben, bevor sie hingerichtet, erschossen oder eingekerkert auf ihr Todesurteil warteten?

Was in so einer Situation in einem Menschen vorgeht, wird man nie erfahren! Außer, man kommt selbst in so eine Situation, was ich mir und niemand anderem wünsche!

Die größte Einsamkeit und das schlimmste Alleinsein muss der Mensch jedoch in seiner Todesstunde, falls er sie bewusst miterlebt, erfahren.
Selbst wenn der Sterbende, was allerdings nicht so häufig vorkommt, sich noch von seinen Lieben verabschieden kann, muss es doch schrecklich sein zu wissen und zu fühlen, dass jetzt mein Leben endgültig zu Ende geht, ich alles, was mir lieb und teuer war, zurücklassen muss und alles aus ist. Schluss, Ende, Amen!

Darum ist es einerseits eine Gnade, wenn man seinen Tod nicht bewusst erlebt, was ja recht häufig der Fall ist, wobei man nie ganz sicher sein kann, was der Sterbende im Unterbewusstsein noch mitbekommt.

Wohl dem, der auch in der Todesstunde noch glauben kann, dass mit dem Tod nicht alles aus ist, dass er im „Himmel“ alle seine Lieben treffen und er Gott nahe sein wird. Dass er auch in die „Hölle“ kommen könnte, wird hier wohl meist verdrängt werden.

Wer dies alles glauben kann, wird wohl eine gute Sterbestunde haben. Ob ihn in dieser Stunde sein Glaube noch trägt, weiß aber letztlich niemand, schwere Todeskämpfe von gläubigen Menschen lassen dies bezweifeln. Auch die rationale Lebenserfahrung spricht dagegen.

Pensioniert sein ist (im Idealfall) wunderschön!

Ich stehe wieder mal spät nachts am Fenster und berausche mich am hell leuchtenden Vollmond und dem Glitzern eines herrlichen Sternenhimmels. Es ist fast feierlich still.

*

So herrlich wie diese Abendstimmung war mein heutiger Tag. Zunächst begann es nicht so ideal. Ich konnte vergangene Nacht nicht einschlafen und wälzte mich von einer Seite auf die andere, bis ich den Entschluss fasste, eine Zäsur zu machen. Ich stand auf und goss mir eine Tasse Tee auf, die ich zunächst schlückchenweise schlürfte, bis der Tee so abgekühlt war, dass ich ihn Schlückchen weise trinken konnte. Inzwischen war es drei Uhr früh geworden, was mich in meiner aktiven Berufszeit sehr nervös gemacht und wohl auch geängstigt hätte, wie ich bei so wenig Schlaf um 5.30 Uhr aufstehen und den Arbeitstag überstehen würde.

Jetzt aber nichts von alledem. Ich kann ja am Morgen aufstehen, wann ich will und erst dann, wenn ich ausgeschlafen habe. Niemand drängt mich zu irgendwas. Ich brauche keine Termine einzuhalten, keine Sitzungen zu absolvieren oder acht Stunden mit Übermüdung und Schlaf am Schreibtisch zu kämpfen.

Gegen 10.00 Uhr stehe ich ausgeschlafen auf, frühstücke gemütlich und genieße vom Esstisch aus unseren herrlichen Garten, der jetzt im Frühjahr und bei strahlendem Sonnenschein durch die blühenden Zwetschgen-, Apfel- und Zierapfelbäume sowie die gelb strahlenden Forsythien zu einem Paradies geworden ist.

Bis ich die Zeitung ausführlich gelesen habe, ist es fast Mittag geworden. Zu dieser Zeit habe ich früher im Büro zu Mittag gegessen.

Ich gehe in unseren wunderbaren Frühlingsgarten und beratschlage mit meiner Frau auf unserer Hollywoodschaukel, was wir heute tun könnten. Eine kleine Radltour machen mit Einkehr in einem Café oder die Rosen schneiden und neu befestigen. Oder soll ich ein bis zwei Stündchen für meinen Verlag arbeiten? Zu tun ist da ja immer etwas, aber das Schöne ist, ich kann mir meine Zeit selbst einteilen. An meinem neuen Buch zu arbeiten wäre für mich auch noch eine Option.

Aber heute ist es so herrlich in der wunderschönen Frühlingsluft zu radeln, dass wir uns für eine kleine Radltour entscheiden. Und dafür müssen wir keine Überstunden „abbauen“ oder gar einen Urlaubstag beantragen wie früher!

Nichts von alledem in der Pension! Wir können tun und lassen, was wir wollen, müssen niemanden fragen, haben keine Tagungen, die man besuchen oder absagen müsste. Und das Schönste! Unser „Gehalt“ fließt, etwas vermindert zwar, was jedoch der Verlag mehr als ausgleicht, weiter und das ohne „Arbeitsleistung“!

Deshalb könnten wir genauso gut beschließen, morgen eine Urlaubsreise anzutreten, so ganz spontan, wie wir es uns früher immer gewünscht haben.

Zunächst aber kommen wir hungrig von unserem Ausflug zurück, setzen uns in unseren Garten mit noch immer viel Sonne und beratschlagen, was wir heute Abend kochen könnten. Kochbücher werden gewälzt, heiß diskutiert, was es geben soll. Auf der Einkaufsliste darf jedoch der „Vino Rosso“ nicht fehlen, denn ohne ein Glas Rotwein zu trinken, kann ich nicht genussvoll kochen, wenigstens bilde ich mir das ein.

Das „Menü“ wird heute auf unserer „Sonnenterrasse“ serviert, die wir so nennen, weil auf dieser bis abends noch die Sonne scheint. Ein kleines „Verdauungsschläfchen“ rundet den Tag ab, dem ein Fernseh-, Lese-, Telefon- oder Gesprächsabend mit meiner Frau oder Freunden folgen kann.

Heute sollte ich aber gleich ein- und durchschlafen können, denn morgen habe ich bereits um 8.00 Uhr einen Termin beim Diabetologen wie jedes Vierteljahr, weil ich mir vor einigen Jahren eine leichte Diabetes durch ein zu „genussreiches“ Leben eingefangen habe. Eine längere Zahnbehandlung winkt auch schon, die mich einige qualvolle Stunden auf dem „Zahnarztmarterstuhl“ kosten wird. Und die OP an meiner Achillessehne ist auch schon über drei Monate her und ich habe immer noch mit Schmerzen zu kämpfen.

Es ist also nicht **alles** am „Pensionisten-Dasein“ schön, aber doch Vieles. Und diese Zeit dauert noch hoffentlich lange an, aber eine „Ewigkeit“ wird sie wohl auch nicht mehr andauern?! Denn es ist manchmal schneller Schluss als man denkt!

Die Zeit zerrinnt schnell und unaufhaltsam

Der Himmel ist heute Abend verhangen und recht dunkel. Deshalb sind kaum Sterne zu sehen. Und wenn, dann nur schemenhaft, wie durch eine Milchglasscheibe. Die Wiesen und Felder liegen da wie dunkle, fast schwarze Teppiche. Eine etwas düstere Landschaft.

*

Man könnte fast meinen, der „Wettergott" hätte es schon vor mir gewusst und deshalb das heutige Wetter auf „Halbmast" gebracht, um zur Trauer aufzurufen. Wie vom Blitz getroffen, hörte ich heute Nachmittag im Autoradio, dass an Ostern 2019 Hannelore Elsner nach kurzer, schwerer Krankheit mit 76 Jahren verstorben ist. Gemeinhin berührt mich der Tod von Filmschauspielerinnen nicht so sehr, denn ich kenne sie meist nicht und kann mir ihre Namen nicht merken. Aber mit Hannelore Elsner verbinden mich viele Filme, in denen sie hervorragend gespielt hat, aber auch ihr Geburtsort Burghausen. Denn dort, im Kurfürst-Maximilian-Gymnasium, begann ich meine Gymnasialzeit. Was mich aber bei dieser Todesmeldung am meisten betroffen gemacht hat, ist die Tatsache, dass Hannelore Elsner nur 5 Jahre älter ist als ich. Fünf Jahre älter! Da hätte ich ja nur mehr eine Handvoll Jahre vor mir?! Was ist das schon?! Eigentlich gar nichts im Vergleich zu den 70 Jahren, die ich schon leben durfte.

Fünf Jahre! Da bliebe ja nur mehr verdammt wenig an Lebenszeit übrig?! Und selbst wenn ich 80 oder gar 85 Jahre alt werden dürfte, wäre es auch nicht fundamental anders, von den darin evtl. enthaltenen „Mansardenjahren" ganz zu schweigen.

Realistischerweise muss man sich dies eingestehen! Oder etwa nicht?!

Bei uns stehen gerade die Apfelbäume im Garten in schönster Blüte, überhaupt ist jetzt die Natur so richtig erwacht. Dies hat wohl auch Johann Wolfgang von Goethe zu seiner Zeit als junger Bursche so erlebt, als er in seinem „Mailied“ voller jugendlicher Begeisterung ausrief: „Wie herrlich leuchtet mir die Natur! Wie glänzt die Sonne! Wie lacht die Flur!“ Ich sehe dieses herrliche Naturereignis natürlich auch, aber an die Stelle von Goethes Überschwang tritt bei mir zur Freude ein wenig Wehmut. Und in einem Winkel meines Herzens „höre“ ich mich sagen: Das erlebst du möglicherweise nur noch maximal fünfmal, wenn du im Alter von Hannelore Elsner oder noch früher stirbst, was nicht gar so weit hergeholt ist, wenn ich daran denke, dass mein Vater auch mit 75 Jahren verstorben ist.

Wie schnell ist doch die Zeit vergangen!? Vor über 60 Jahren trat ich in die Volksschule ein, vor über 50 Jahren legte ich mein Abitur ab, vor über 45 Jahren feierte ich Hochzeit mit meiner lieben Frau Monika, vor über 40 Jahren wurde unsere liebe Tochter Martina geboren usw.! Das sind schon gewaltige Zeiträume! Und ehe man es sich versieht, ist man alt geworden, ohne es richtig mitbekommen zu haben. „Ist es schon vorbei?“, möchte man sagen, wenn das Leben wie eine Sanduhr ständig und unaufhaltsam zerrinnt.

Dies zu akzeptieren ist nicht leicht. Wie soll man damit umgehen? Ich neige hier etwas zur Rückschau, weil das, worauf ich hier zurückblicke, mir ein sehr gutes Gefühl vermittelt. Schließlich hatte ich das große Glück, aber natürlich auch den Willen, vom armen, heimatlosen Flüchtlingsbuben zum Akademiker mit Doktor- und Professorentitel, mit schönem eigenem Haus, mit genügend Geld, um viel zu reisen und seinem Kind eine gute Ausbildung zu ermöglichen, aufzusteigen. Das war mir alles keineswegs in die Wiege gelegt worden. Und dafür bin ich dem Schicksal unendlich dankbar, das mich in Gestalt meines niederbayerischen Heimatpfarrers auf diese Spur stellte.

Viele Jahre durfte ich so leben, aber ich weiß natürlich nicht, was noch alles auf mich zukommt?! Ein „Fascinosum“ oder ein „Tremendum“? Meist ist es eine Mischung von Glück und Leid!

Ich glaube, mich hier meinem älteren, bereits zitierten Freund anschließen zu wollen: Genussvoll leben und nicht (oft) an das Ende denken, denn das kommt sowieso unaufhaltsam, auch wenn man nicht daran denkt. Eines aber möchte ich versuchen zu bewahren, falls ich es schaffe. Ich möchte mich jeden Tag über alles Positive, das mir widerfährt, freuen können und es dankbar annehmen und falls möglich, weitergeben.

Und was ist mit dem Negativen, das sicher auch kommt? Das muss ich wohl auch annehmen und versuchen, es durchzustehen. Und wenn ich mich umschaue, was auf Menschen Furchtbares zukommen kann, gruselt es mich und ich werde unsicher, ob ich es dann schaffe, dies durchzustehen.

Und auf einmal scheint alles „anders“, wenn nicht „aus“ zu sein!

Heute ist Vollmond und zwar in „XXL-Ausführung“ hell leuchtender, völlig wolkenfreier Nachthimmel, der die Landschaft ausleuchtet, so dass man eine ganz erhebliche Strecke weit sehen kann. Kein Dunst, kein Nebel stört das Mondlicht. Festbeleuchtung!

*

Diese Abendstimmung passt sehr gut zu meiner jetzigen Stimmung. Ich hatte beim Urologen einen Termin für den heutigen Nachmittag vereinbart, weil ich glaubte, dass es wieder mal an der Zeit wäre, eine Routineuntersuchung machen zu lassen.: Prostata usw., also die Männerkrankheit im „reifen“ Alter!
Mit Problemen ging es schon los, als mir die Sprechstundenhilfe einen Plastikbecher aushändigte, in den ich meinen Urin zur Laboruntersuchung pinkeln sollte. Aber, was mir noch nie passiert ist, es kam nichts, so sehr ich mich auch plagte. Selbst eine große Flasche Mineralwasser, deren Inhalt ich mir so schnell wie möglich einverleibte, half nichts. Es ging einfach nichts!

Auf meine Bitte hin wurde ich auch ohne Urin zum Urologen vorgelassen, der mich beruhigte, dass ich nicht der Einzige wäre, dem so etwas passiert. Nach einigen Fragen bat der Arzt, mich auf eine Liege zu platzieren, damit er meine inneren Organe mit seinem Ultraschallgerät überprüfen könne. Nach einer längeren, sehr intensiven Suche mit diesem Gerät meinte er, dass er in meiner Blase eine kleine Erhebung sähe, die so aussieht, dass man dahinter einen Tumor vermuten könnte. Auf meine bereits etwas nervöse Frage, was dies für mich bedeute, erklärte er mir, man müsse zuerst eine Blasenspiegelung intravenöser Art durchführen, hierbei eine Gewebeprobe entnehmen und prüfen, ob der eventuelle Tumor gut- oder bösartig sei. In beiden Fällen müsste der Tumor im Rahmen einer größeren OP entfernt werden. Bevor er aber diese Richtung weiter verfolge, möchte er aber ausschließen, dass meine Blase vielleicht nur eine Falte aufweise, die im Ultraschall die Konturen eines Tumors vorspiegelte. Zu diesem Zweck musste ich, nun wieder im Wartezimmer, eine zweite Flasche Mineralwasser schnell austrinken und eine halbe Stunde warten.

In dieser Wartezeit ging mir Vieles durch den Kopf. Ich leide ja noch unter den Nachwirkungen meiner Achillessehnen-OP vor 3 Monaten! Wie geht es damit weiter, denn ich habe noch starke Nachwehen. Schon wieder eine Vollnarkose!? Das ist wohl für einen älteren Menschen wie ich einer bin nicht ganz ungefährlich! Zudem stehe ich mitten in einer größeren Zahnbehandlung, weil einige Schneidezähne wackeln. Wie verträgt sich das wiederum mit dem Narkose-Schlauch, der mir in den Mund gesteckt werden muss?! Wenn der Tumor bösartig ist, wie steht es dann mit meinen anderen Organen? Hat der Krebs dann vielleicht schon gestreut und ist nicht mehr einzudämmen?! Und wenn?! Ist dann mein „Ende“ schon unwiderruflich eingeläutet?! Schon mit 70 Jahren?! Trennung für immer von Monika, meiner lieben Ehefrau, mit der ich schon fast 50 Jahre zusammen bin und von meiner geliebten Tochter Tina? War´s das dann?! Ich möchte nicht sterben!! Ich werde kämpfen, wenn es sein muss, bis zur letzten Sekunde! Mein Leben war und ist doch so schön!! Dies alles lassen?! Nein!! Nie!!

Mitten aus diesem emotionalen Gedankengewirr ruft mich der Arzt zu sich ins Behandlungszimmer. Nochmal freimachen, nochmal auf die Arzt-Liege, nochmal Ultraschall mit dem kühlen „Gel“ auf dem Bauch. Lange und genau studiert der Doktor das Ultraschallbild. Ich bin höchst angespannt und sehr nervös, als er endlich sagt, dass die für einen Tumor gehaltene Erscheinung nicht mehr zu sehen sei, da sich nun aufgrund meines erheblichen Wasserkonsums die Blase ganz entfaltet habe. Auf meine Frage nach der Gewissheit dieser Auskunft, versicherte mir der Urologe, dass dieses Ergebnis zu 98 % richtig sei. Um absolute Klarheit zu bekommen, wolle er aber noch meinen Urin, der nach dem umfangreichen Wasserkonsum nun reichlich fließt, drei Untersuchungen unterziehen, deren Ergebnisse in einer Woche vorlägen. Ich könne aber nun ganz entspannt darauf warten.

Mir fielen tonnenweise Ängste ab! Und nun stehe ich am Fenster, bin glücklich, noch einmal davon gekommen zu sein und erfreue mich riesig an diesem wunderbaren Nachthimmel.

Sollen doch die Jungen protestieren und sich das „Maul“ verbrennen! Oder?!

Ich stehe um Mitternacht wieder einmal am offenen Schlafzimmerfenster, aber nicht zu Hause, sondern am Fenster unseres gemieteten Ferienhauses in meinem Heimatort in Niederbayern, den ich vor über 50 Jahren verlassen habe, um an der Universität in München zu studieren. Die Nacht ist dunkel und wolkenreich. Um so mehr zieht der angestrahlte Kirchturm in der Ortsmitte meine Blicke auf sich. Mein vor zwei Jahrzehnten verkauftes Elternhaus, das sich unmittelbar in der Nähe der angestrahlten Kirche befindet, bekommt von der Turmbeleuchtung noch so viel mit, dass ich es schemenhaft erkennen kann.

*

Nur zwölf Jahre meines Lebens, nämlich vom Achten bis zum Zwanzigsten, habe ich mit meinen Eltern dort gewohnt und doch sind diese Jahre in mir noch präsent, vor allem dann, wenn sie durch so einen Blick wie jetzt wachgerufen werden.

Natürlich denke ich ansonsten in meinem Alltag nur selten an diese Jahre zurück, wenngleich sie für mich eine sehr prägende Zeit waren. Hier habe ich die „Initialzündung“ für mein Studium erhalten, als mich zehnjährigen Ministranten mein Heimatpfarrer einmal fragte, ob ich nicht auch so etwas werden möchte wie er?! In meiner Gymnasialzeit, insbesondere in der Oberstufe, hatte ich das Glück, Lehrerpersönlichkeiten erleben zu dürfen, die mir den Blick für das Großartige von Kunst, Musik, Literatur aber auch von Naturwissenschaften eröffneten und mich ermutigten sowie befähigten, wohlbegründet und sachkompetent meine Meinung in die Gesellschaft einzubringen, was ich in den fünfzig Jahren meines bisherigen Lebens auch oftmals tat.

Nicht selten habe ich jedoch hierbei für meine sicherlich angebrachte und auch wohlbegründete Kritik Prügel bezogen. Und mir wurde allmählich klar, dass es im Leben oftmals mehr auf Beziehungen, Seilschaften sowie Vereins- oder vor allem Parteizugehörigkeit ankommt als auf gute und wohl begründete Argumente. Ich schwanke heute noch manchmal im Nachhinein, ob es letztlich wert war, für das kurze Gefühl des Triumphs seine Stimme für eine gerechte Sache zu erheben, dafür aber Jahrzehnte lang von dem/den Kritisierten gemobbt zu werden?! Hinzu kommt hier aber noch, dass solche kritischen Meinungsäußerungen meist nichts bewirkten, zumindest bei mir war es meist so.

Aber, kann man still sein und damit indirekt zustimmen, wenn ganze Berufsgruppen, wie z.B. die der Lehrer von Politikern diffamierend als „faule Säcke“ oder als „ideologisch verprellte Jobber“ hingestellt werden, wie es der frühere Bundeskanzler Gerhard Schröder und der ehemalige Kultusminister Bayerns Hans Zehetmair getan haben?

Kann man den Mund halten, wenn ein Justizgefängnis wie das in Erding von straffällig gewordenen Gefangenen leer geräumt wird, damit abgelehnte, aber nicht straffällig gewordene Asylbewerber dort in deren Gefängniszellen kaserniert werden, damit sie ihrer Abschiebung nicht durch Flucht entkommen können?

Kann man ruhig bleiben, wenn gefährliche Atomstrommeiler wie z. B. Ohu1 und 2 bei Landshut, die nicht gegen Flugzeugabstürze oder Terrorangriffe gesichert sind, keineswegs sofort abgeschaltet oder gegen Flugzeugabstürze sicher gemacht werden, wobei selbst abgeschaltete Meiler noch Jahrzehnte eine Gefahr darstellen. Und dies, obwohl die östlichen Startbahnen des „Franz-Josef-Strauß“(!)-Flughafens im Erdinger Moos direkt auf die Atomkraftwerke hinzielen und vor Jahren schon in Reaktornähe ein Militärflugzeug abgestürzt ist. Gott sei Dank ohne größeren Schaden anzurichten!

Im Laufe der Jahrzehnte bin ich zugegebenermaßen müde geworden, immer wieder meine Stimme gegen Ungerechtigkeiten und

Missstände in unserer Gesellschaft zu erheben, z.B. in Form der Teilnahme an Demonstrationen, an Kundgebungen, an Mahnwachen, Bürgerinitiativen, Vorträgen zur Friedensforschung, Leserbriefen, Briefen an Politiker sowie durch Ausschreibung von literarischen Wettbewerben in meinem Verlag zu Themen wie marode Atomkraftwerke in Ohu, Asylanten in Bayern und deren Helfer.

Warum aber immer ich und ein Häuflein sonstiger alt gewordener Achtundsechziger?

Sollen doch die „Anderen", insbesondere die Jungen ran! Denn es geht doch in erster Linie um ihre Zukunft in den nächsten 50 Jahren. Ich aber und viele meiner Mitstreiter haben womöglich nur mehr eine Handvoll, höchstens aber ein oder zwei Dutzend Lebensjahre vor sich, die wir vielleicht noch mit Angenehmerem verbringen möchten als mit Demonstrationen, Leser- oder offene Briefe schreiben?!

Haben da nicht diejenigen Altersgenossen recht, die sich um nichts kümmern, als um ihr eigenes Wohlergehen? Ist es nicht vernünftiger zu sagen, was gehen mich die Klimakatastrophe, die Umweltverschmutzung, der Hunger in der Welt oder die schreienden Ungerechtigkeiten auf Erden an? Sollen sich doch die Jungen, die noch ihr Leben vor sich haben, engagieren!

Zwei Seelen kämpfen hier in meiner Brust. Und ich weiß nicht so recht, für welche Seite ich mich entscheiden soll!? Mit der Vernunft neige ich zum Genuss der noch verbleibenden Lebensjahre, mit dem Herzen zur Verantwortung für diese Erde.

Wenn ich jedoch sehe, dass nach der Jahrtausendwende nicht wenige Politiker in Ost und West so regieren, als wäre die in den Siebziger und Achtziger Jahren zur Realität gewordene Hoffnung, dass es nie wieder Krieg geben möge, verblasst, und ihr Handeln vermuten lässt, sie hätten die Grauen der beiden Weltkriege vergessen oder verdrängt, so macht mich dies sehr hellhörig und nervös.

Denn von Verantwortung spürt man in der Politik derzeit leider nicht sehr viel. Man hat oft den Eindruck, wenn man Radio hört oder Zeitungen liest, dass auf unserem Globus derzeit wieder Männer und Frauen an der Macht sind, die an dieser Welt herumzündeln und mit einem Krieg liebäugeln. Sie prahlen mit ihren Waffen und rüsten höher und höher, wie man derzeit an den beiden Großmächten USA und RUSSLAND, aber leider nicht nur an diesen, sehen kann.

Vielleicht hilft mir für meine Entscheidung diese geschilderte Beobachtung in der derzeitigen Politik?! Besonders aber motiviert mich folgender Satz des im Dritten Reich zum Tode verurteilten und ermordeten evangelischen Pfarrers Dietrich Bonhoeffer, wenn er aus der Todeszelle schreibt:
„Mag sein, dass der Jüngste Tag morgen anbricht, dann wollen wir gerne die Arbeit für eine bessere Zukunft aus der Hand legen, vorher aber nicht!"(Quelle:Widerstand und Ergebung:DBW, Band 8, S. 36). Daran will ich auch im Alter mein Handeln ausrichten und Bonhoeffers Aussage folgen. Denn moralisches Handeln ist nicht ans Alter gebunden und hört nicht mit dem Eintritt ins Pensionsalter auf.

Nun ist Mitternacht bereits vorbei und die Bestrahlung von Kirche und Turm hat sich automatisch abgeschaltet. Nichts ist mehr in der Dunkelheit zu erkennen, weder der Kirchturm, noch mein Elternhaus. Und so wie die Beleuchtung des Turms ausgeschaltet wird, ergeht es uns dereinst auch, wenn unser Leben erlischt. Versinken wir dann auch im Dunkel? Es ist ungewiss und daher spannend.

Die Probleme von Krankheit und Alter „klopfen" immer heftiger an die Türe!

Am Nachthimmel zeigt sich heute ein strahlender Vollmond, der von Nebelschleiern ringförmig umgeben ist, die wie Wellen im Wasser aussehen, wenn man einen Stein hineingeworfen hat. Wie die Wasserwellen nach kurzer Zeit verschwinden, so lösen sich auch die „Wolkenwellen" nach kurzer Zeit auf und bilden einen weißen Schleier, der den Mond zudeckt und nur mehr schwach durchschimmern lässt.

*

So ähnlich ist es mir heute auch ergangen und geht mir jetzt noch so, während ich wieder einmal um Mitternacht aus dem Fenster in die Nacht sehe. Als mir heute ein sehr bekannter und von mir äußerst geschätzter Orthopäde in einer Münchner Spezialklinik aufgrund der ihm vorliegenden MRT-Aufnahmen meiner Achillessehne eröffnete, dass nun auch meine linke Achillessehne, die rechte wurde vor 5 Monaten bereits von ihm operiert, einen Riss aufweist und insgesamt sehr degeneriert ist, verschwand meine gute Laune urplötzlich. Es war, wie wenn sich ein Trauerschleier über mich legen würde, denn das heißt, dass ich wiederum diesen bereits früher beschriebenen, schrecklichen „Schischuh bis zum Knie" Tag und Nacht, also auch im Bett, tragen muss. Und das mindestens 8 Wochen lang! Und falls diese sog. „konservative Methode" nicht den gewünschten Erfolg zeigt, muss operiert werden wie zu Beginn dieses Jahres die rechte Achillessehne. Wieder wochenlang Rollstuhl fahren, 8 Wochen lang das „Stiefel-Monster" tragen und mit Krücken humpeln! Wieder Umzug ins Erdgeschoss unseres Hauses, da ich die ersten 8 Wochen keine Treppen steigen darf.

„Ein Unglück kommt selten allein!", sagt der Volksmund. Und er hat wieder einmal recht. Seit gestern wird meine Frau von einer Art „Darm- und Magengrippe" heimgesucht und ist deshalb bettlägrig. Pflegebedarf ist angesagt. Von mir, der sich nur mühsam mit dem

„Stiefel“ und mit Hilfe zweier Krücken die Treppe zum „Krankenzimmer“ hoch quält und Kochen sowie Haushalt im Sitzen oder mit Hilfe zweier Krücken mehr schlecht als recht erledigt.

Da holte mich heute früh der Gedanke ein, dass diese Situation zum Dauerzustand werden könnte. Wer kauft dann für uns ein, wenn evtl. mal keiner von uns beiden mehr Auto fahren kann? Wer bringt uns zu Ärzten und Therapien? Wer zu Freunden? Wer ins Kino, Theater oder Ausstellungen? Wie kommen wir zur Bank und Geld? Man müsste zwei Treppenlifte einbauen lassen, wenn wir beide nicht mehr in der Lage sind, die Treppen zum Keller oder zum 1. Stock zu bewältigen. Für Garten und Haus haben wir schon seit meiner Bandscheiben-OP im Jahre 2003 sehr tüchtige Hilfen, die wir in der befürchteten Situation ausbauen müssten. Von unseren Kindern können wir nichts erwarten, da sie selbst mit Beruf und Pflege der Schwiegermutter mehr als ausgelastet sind und ca. 40 km entfernt in München wohnen.

Es ist zwar sicher alles irgendwie regelbar und machbar. Aber das Leben wird dann ziemlich kompliziert und aufreibend, wenn man in seinem Haus bleiben will, was wir bisher beide unbedingt wollen. Aber noch ist es Gott sei Dank nicht soweit. Warten wir es mit Gelassenheit ab.

Ausblick auf „Freuden des Alters“ nach dem Motto „das Schönste kommt erst!“ Denkste!

Heute ist es zwar schon weit nach Mitternacht, aber ich stehe nicht in unserem Schlafzimmer am offenen Fenster, sondern liege in einem Bett unseres Kreisklinikums und sehe höchstens „Sternchen“ meinen Kopf umkreisen, aber keine Sterne und auch keinen Mond.

*

Ich bin heute Abend auf eine Art und Weise, an die ich mich überhaupt nicht mehr erinnern kann, in unserem Wohnzimmer gestürzt. Und zwar so fürchterlich, dass ich wie ein gefällter Baum mit meiner linken Schulter auf den Fliesenboden krachte.

Aber jetzt der Reihe nach. Eigentlich trinke ich jeden Abend voller Genuss ein oder zwei Gläser Rotwein. An diesem Tag hatte ich mir Enthaltsamkeit auferlegt, da wir am nächsten Morgen sehr zeitig in einen Kurzurlaub starten wollten. Deshalb mied ich an diesem Abend meinen geliebten Rotwein und kochte mir einen gesunden Kräutertee, den ich von der Küche ins Wohnzimmer bringen wollte. Ich trug am linken Fuß noch immer diesen verdammten „Schischuh“ wegen meiner angerissenen Achillessehne, am rechten Fuß einen klobigen Schuh mit einer aufgeklebten Gummisohle zum Niveauausgleich und zwei Krücken. Wodurch ich strauchelte und stürzte weiß ich nicht mehr. Es ist in meinem Hirn wie ausgelöscht! Absolut klar hatte ich und habe ich aber noch immer vor Augen, wie der Sturz vor meinem geistigen Auge ablief. Ich stürzte ganz langsam wie ein großer, angesägter Baumstamm, an der Wohnzimmerwand entlang schrammend, unaufhaltsam mit der linken Schulter voraus auf den Fliesenboden zu und krachte mit einem lauten Knall zu Boden. Es war wie in einem bösen Albtraum. Ich sah das Unglück auf mich zukommen, konnte jedoch nichts dagegen tun, da ich mich nirgends festhalten konnte.

Ich krachte also mit voller Wucht auf den Steinboden und fast gleichzeitig vernahm ich das entsetzte Schreien meiner Frau aus einem anderen Teil des Wohnzimmers, da sie meinen Aufschlag gehört hatte. Absolute Panik!!

Ich konnte alleine nicht mehr aufstehen, bis ca. 15 Minuten später zwei über die Notfallnummer „112“ herbeigerufene Sanitäter des Roten Kreuzes mich hochzogen, auf eine Krankentransportliege verfrachteten und mich mit Blaulicht in die Notaufnahme des nahegelegenen Erdinger Klinikums brachten. Warten ..., warten..., röntgen..., endlich die Diagnose: Knochenbruch an der linken Schulter. Es war für mich unwahrscheinlich beruhigend, dass meine Frau bei mir war, bis ich auf mein Zimmer verlegt worden war. Sie gab mir Halt, so dass ich mich nicht ganz verlassen fühlte.
Da der OP-Plan der Klinik für die nächsten zwei Tage bereits voll war, sollte ich am dritten Tag, also am Mittwoch, operiert werden. Also warten..., warten... Ich wurde auf ein Einzelzimmer verlegt und wartete zwei Tage auf die OP: Schmerzmittel in Tablettenform und über eine Schmerzmittelpumpe zugeführte Medikamente machten das Warten einigermaßen erträglich. Auch mein sehr schön eingerichtetes, helles Einzelzimmer mit allem Komfort, das gute Essen sowie die sehr aufmerksamen Schwestern, Pfleger und Ärzte machten die Warterei einigermaßen erträglich, noch dazu kam mich meine liebe Frau jeden Tag mindestens einmal besuchen.

Natürlich hatte ich schon seit der ersten Nacht mein „Operationshemd“ bzw. „Totenhemd“, wie ich dieses Kleidungsstück gerne nenne, an und musste es bis zum letzten Tag im Krankenhaus anbehalten. Ich hasse dieses „Hemd“ vor allem deshalb, weil es am Rücken einen Schlitz hat, durch den man ständig das oftmals nackte Hinterteil den Pflegerinnen, Ärzten und sonstigen Besuchern entgegenstreckt. Außerdem ist der Hintern ständig kalt Aber das ist nicht das Schlimmste!

Für sehr alte, kranke und unbewegliche Patienten im Krankenhaus oder für Bewohner von Pflegeheimen ist es wahrscheinlich eine

immer wieder schmerzlich erfahrene und hoffentlich schon akzeptierte Praxis, wie die Reinigung der intimsten Körperbereiche praktiziert wird, weil es leider schlichtweg nicht anders geht:
Am Tag vor meiner OP durfte ich in das Procedere dieser pflegerischen „Reinigungsprozedur" einen Einblick durch persönliche Erfahrung machen.
Ein Pfleger bot mir nach dem Frühstück sehr freundlich und höflich an, mir bei meiner Körperreinigung behilflich zu sein. Zu diesem Zweck ersuchte er mich, alle Kleidungsstücke abzulegen und komplimentierte mich in mein Badezimmer, wo er mich bat, auf einem Plastikstuhl unter der Dusche Platz zu nehmen. Da ich völlig nackt war, konnte er nun mit einem Waschlappen mein Gesicht, die Schultern, die Arme und Beine sowie die Füße gründlich einseifen und anschließend abduschen. Als er damit fertig war, machte er wiederum sehr höflich und diskret weiter. Er seifte seinen Wachlappen nun besonders stark ein und wusch damit meinen Penis und dessen umgebendes struppiges Haar. Damit fertig, machte er einen neuen Anlauf; er schäumte den Waschlappen nun besonders stark ein und machte sich daran, meinen „Arsch" zu reinigen. Dabei ging er besonders sorgsam ans Werk. Nachdem er bis zum Anus sorgfältig reinigend vorgedrungen war, nahm er sich die gesamte Po-Falte vor, die wohl vor Begeisterung „Juhu" schrie, da sie noch nie mit solcher „Sorgfalt" gereinigt worden war.

Ich habe so etwas noch nie erlebt! Deshalb war es für mich ein einschneidendes Erlebnis mit Assoziationen auf das, was mich und uns alle wohl einmal erwartet. Gott sei Dank, dass wir nicht wissen, wann das sein wird! Morgen, in zehn oder zwanzig Jahren oder nie, wenn man jung und gesund plötzlich in den Tod gerissen wird. Mit 30 oder 40 Jahren zu sterben, ist aber auch nicht gerade eine erstrebenswerte Option!

Ich habe mir über das Leben im hohen Alter, wenn man schon gebrechlich ist, noch nie große Gedanken gemacht, obwohl ich von sehr alten Menschen umgeben war und bin, wie es meine 84-jährige Mutter war oder meine 85-jährige Schwester heute ist. Es muss aber

schon als „Anschlag“ auf die eigene Würde aufgefasst und erlebt werden, wenn man am Morgen im Bett aufwacht und in seinem stinkenden Urin und Kot liegt, weil man die einfachsten Körperbeherrschungen nicht mehr in seiner Gewalt hat.
Wie tapfer sind da wohl oft sehr alte Menschen, die solche Attacken auf ihre Würde erleben und trotzdem dem Besuch freudestrahlend ihre Hand geben, als hätten sie nicht gerade diese Demütigung erleben müssen. Natürlich ist darüber auch so mancher alte Mensch verzagt und verdrossen, was nach einer Nacht ohne Schlaf, evtl. mit großen Schmerzen und dem Gefühl, ganz allein und einsam auf der Welt zu sein, weil Ehepartner, Geschwister und Freunde schon längst tot sind, mehr als verständlich ist.
Und dann das Sterben! Als meine Mutter starb, habe ich allein bis zu ihrem letzten Atemzug bei ihr gewacht. Sie hatte sich in ihrem Bett an die Wand gedreht und mit rasselndem Atem geröchelt und gehechelt wie, ich kann es nicht anders sagen, ein verendendes Tier. Und das ging so den ganzen Nachmittag und Abend dahin. Plötzlich hörte dieser Todeskampf auf, was ich zunächst gar nicht bemerkte. Nun war es auf einmal völlig still im Zimmer und ich küsste meine Mutter zum letzten Mal, ohne Scheu und nahm sie zum letzten Mal in meinen Arm. Sie war gegangen, endgültig! Ihr Leben war definitiv zu Ende. Unumkehrbar! Es waren für mich sehr schmerzliche, aber auch äußerst eindrucksvolle und deshalb kostbare Stunden, die ich nicht missen möchte.

Ist die Welt in der wir leben ein Paradies oder ist sie die Hölle auf Erden?

Ich befinde mich noch immer im Krankenhaus, zwei Tage nach meiner Schulter-OP, insgesamt aber bereits seit einer Woche. Zimmer und Betreuungspersonal sind optimal, allerdings kann die Schmerzpumpe, an die ich angeschlossen bin die Schmerzen in der operierten Schulter nicht immer ganz in den Griff bekommen. Dann helfen die vielen Tabletten (18 Stück an der Zahl), die ich täglich in einem Portionierer bekomme, der wie eine Art „Rechenschieber“ aussieht, ganz gut darüber hinweg. Von Nacht, Mond und Sternen sehe ich nichts von meinem Bett aus, da die automatisch herabgelassenen Rollos die Sicht versperren. Ade schöne Nacht, ade funkelnde Sterne, ade leuchtender Mond, denke ich mir beim Zubettgehen! Ich hoffe, ich kann sie zu Hause von meinem nächtlichen „Beobachtungsposten“ aus bald wieder begrüßen und meinen Gedanken freien Lauf lassen. Allerdings wird das noch eine ganze Weile dauern, wie mir mein Chirurg bei seiner gestrigen Visite andeutete.

*

Heute ist Sonntag und deshalb für die Patienten ein relativ ruhiger Tag. Es gab wie immer ein schönes Frühstück, das mir eine Schwester auf meine Bitte hin so mundgerecht zubereitete, dass ich mit einem Arm relativ gut zurechtkam.
Da ich in meinem Einzelzimmer niemanden zum Unterhalten habe und die Aussicht auf den Tennisplatz der gegenüberliegenden Realschule auch nicht besonders berückend ist, greife ich in Ermangelung einer Tageszeitung zum mitgebrachten Wochenmagazin „Der Spiegel“.

Ich weiß natürlich aufgrund meiner langjährigen Erfahrung mit diesem Presseorgan, worum es dessen Herausgebern und Journalisten geht, nämlich in erster Linie um die Aufdeckung von Verschwörungen, Skandalen und die Herausstellung der Hintergründe von fragwürdigen, skandalösen, ja oftmals auch kriminellen Vorgängen und verwerflichen Machenschaften in dieser Welt. Dass hierbei in erster Linie das „Negative“, „Skandalöse“ und „Verbrecherische“ im Mittelpunkt steht, ist bei allen ähnlichen Medien ebenso, da diese fast immer nach dem Motto „bad news are good news“ agieren. Dies ist unter bestimmten Aspekten auch gut so, denn die Presse ist, so lange sie jedenfalls frei arbeiten kann, fast die einzige, aber zugleich wichtigste „Gegenmacht“ in einem Staat, wenn Chaos, Ungerechtigkeiten und Unfreiheiten wild und ungezügelt um sich greifen und nicht mehr durch einen funktionierenden, demokratischen Rechtsstaat kontrolliert und kanalisiert werden können. Aber auch in einer rechtsstaatlichen Demokratie hat eine kritische Presse viele Aufgaben.

Da wird zum Beispiel in der Ausgabe des „Der Spiegel“ vom 6. Juli 2019 vom skandalösen, inhumanen Streit über das private Rettungsschiff „Sea-Watch 3“ berichtet, das von der blutjungen, deutschen Kapitänin „Carola Rackete“ gesteuert, ohne Erlaubnis der italienischen Behörden im Hafen von Lampedusa anlegt und damit ca. 50 aus dem Mittelmeer geborgenen Flüchtlingen aus Afrika das Leben rettet. Carola Rackete erklärte danach den Medien, dass sie glaubte, den physischen und psychischen Zustand der aus dem Mittelmeer geretteten, schiffbrüchigen Flüchtlinge nicht mehr länger verantworten zu können. So eine verantwortungsvoll handelnde Frau sollte einen Orden bekommen! Aber nein, sie wird gleich nach der Landung im Hafen von Lampedusa verhaftet und später vor ein italienisches Gericht gestellt. Und die europäischen Innenminister lachen sich bei einem Umtrunk auf einem Foto fröhlich zu, das am selben Tag beim Treffen zur Lösung des Problems „Mittelmeerflüchtlinge“, das übrigens ohne Ergebnisse endete, in den Medien zu sehen war. Was muss man für ein Mensch sein, um sich bei einem so ernsten Thema so zu präsentieren? Was ist das für ein Europa, das diese Damen und Herren „Minister“ repräsentieren? Mein Europa ist dies jedenfalls nicht, es ist eher ein inhumanes Zerrbild davon!

Noch schrecklicher erscheint die Welt, wenn man die Kriege der letzten Jahrzehnte und Jahrhunderte betrachtet.

Den „Dreißigjährigen Krieg“, die fast vollständige Ausrottung oder Versklavung der Eingeborenen in Amerika und in Australien, den 1. Weltkrieg, die Vernichtung von Millionen von Juden in deutschen Konzentrationslagern, den 2. Weltkrieg, den Vietnamkrieg und die vielen sonstigen Kriege, die in Vergangenheit und Gegenwart überall auf der Welt geführt wurden und werden.

Sie alle ziehen eine breite Blutspur vieler Millionen Flüchtender und Getöteter hinter sich her. Viele Morde in privaten und öffentlichen Gesellschaftsbereichen ließen das Wort von der „Bestie Mensch“ entstehen, das oftmals der zutreffende Ausdruck dafür ist, was Menschen Entsetzliches vollbringen.

Ich könnte mit der Aufzählung von Korruption, demokratischem Schmierentheater, Inhumanität, Verbrechen und Gräueltaten zwischen einzelnen Menschen, Menschengruppen und Nationen in Gegenwart und Vergangenheit fortfahren und damit mühelos viele dicke Bücher mit Tatsachenberichten füllen.

Aber es sind ja nicht nur die Menschen, die oftmals wie Bestien in Vergangenheit und Gegenwart in Kriegen übereinander herfallen, es sind auch Naturkatastrophen, die sich wie die Endzeit der Welt anfühlen und nicht immer der Mensch als Ursache in die Schuldhaftung genommen werden kann. Naturkatastrophen wie ein Hurrikan oder ein Tornado, bei denen Häuser wie Streichhölzer zusammenbrechen sind nur einige Beispiele dieser Katastrophen. Überschwemmungen grandiosen Ausmaßes, Erdbeben, die alles zusammenbrechen lassen und massenweise Menschen und Bauwerke unter Schutt und Asche begraben, komplettieren dieses Schicksalsgemisch. Dürren weltweit lassen Millionen Menschen verhungern und verdursten und Epidemien raffen Lebensgemeinschaften, Dörfer, Städte und ganze Landstriche hinweg.

Was zählt hier noch ein einzelnes Menschenleben? NICHTS!

Also stimmt es doch: die Welt ist „furchtbar“!? Sie ist die „Hölle“!?

Viele werden hier zustimmen, wie z.B. unheilbar Kranke, Menschen, die von Geburt an aufgrund ihrer biologischen Fehlentwicklungen und/oder sozialen Abstammung bzw. aufgrund ihrer angeborenen, minderen körperlichen und/oder intellektuellen Fähigkeiten zu den Verlierern der Gesellschaft gehören.

Die Welt, in der wir leben, ist jedoch auch randvoll von Positivem und Schönem! Wir, z. B. in Europa und in anderen Industrieländern, haben ein Leben bekommen, mit dem es meist gelingt, etwas Positives anzufangen. Wir erfahren in der Regel Liebe und Angenommensein von unseren Eltern, wir in der westlichen Welt haben genügend zu essen und zu trinken. Es verhungern hier keine Kinder. Noch nie ging es uns und so vielen Menschen so gut, wie in unserer Zeit. Und in der ganzen Menschheitsgeschichte war die Spendenbereitschaft der Bevölkerung nie so groß wie heute. Auch haben wir seit 75 Jahren Frieden in Europa! Das darf man unter keinen Umständen unterschätzen und abtun!! Kann man da noch behaupten, die Welt sei schlecht, sie sei die „Hölle“? Auf dem ersten Blick wohl mitnichten!! Vor allem dann nicht, wenn man die übergroße Hilfsbereitschaft zwischen einzelnen Menschen und ganzen Nationen bei Naturkatastrophen wie z. B. Erdbeben, Überschwemmungen oder auch bei Seuchen und Epidemien erlebt. Die aktuelle, weltweite Corona-Pandemie ist das beste Beispiel hierfür.

Und denken wir doch auch daran, wie wunderbar ein Tag in den Bergen oder am Meer sein kann, eventuell mit einem lieben Menschen im Arm! Wie gut tut es unserer Seele, wenn wir eine herrliche Landschaft betrachten, in einem gemütlichen Gasthof oder einem Spitzenrestaurant speisen dürfen oder mit einem Schiff in See stechen? Wer möchte es missen, in einigen Stunden Flug in aller Herren Länder zu sein, deren Kultur kennenlernen zu dürfen und wenn man will, in Sekundenschnelle um die ganze Erde zu telefonieren, mailen bzw. skypen und agieren zu können.

Technokratische Zukunftsdenker versprechen uns, dass auf unserer Welt so gut wie alles möglich ist bzw. sein wird und sie können beeindruckende Ergebnisse vorlegen, die so komplex und hochkompliziert sind, dass ich sie nicht einmal korrekt darstellen, beschreiben und schon gar nicht begreifen kann.

Aber dennoch bleiben der Tod und die Endlichkeit aller Lebewesen und Seinsformen auf Erden bestehen. Gewaltexzesse und der kriegerische und verbrecherische Blutrausch sind wohl auf Erden unausrottbar. Und es bleiben die immer erdrückender werdenden Ungerechtigkeiten und Ungleichheiten weiterhin erhalten. Die Reichen werden immer reicher und die Armen immer ärmer!

Und was ist mit Menschen in der Dritten Welt, wo noch immer der Hungertod nicht besiegt ist? Wo Kranke kaum adäquate Hilfe bekommen, es an gut ausgebildeten Ärzten, Schwestern und Pflegern mangelt, Kinder ohne Bildung in Slums zu Hunderttausenden aufwachsen, manchmal an Seuchen krepieren oder von den Fängen der Drogenmafia und dem Sumpf der Korruption physisch und psychisch zerstört werden? Und die reichen Industrienationen sehen zu bzw. zerstören durch eine fehlgeleitete Entwicklungspolitik oft sogar noch die eigene Wirtschaft der Dritten Welt oder betrügen diese Länder durch den diktatorischen Billigeinkauf der reichlich vorhandenen Bodenschätze.

Was ist nun? Ist die Welt mehr schlecht als gut? Oder mehr gut als schlecht? Ich bin mir da nicht sicher? Das muss jeder für sich selbst beurteilen! Von unserer Psyche her gesehen, glaube ich aber, dass es besser ist, wenn man ein halb gefülltes Glas als halb**voll** und nicht als halb**leer** ansieht. Dann bleibt man eher positiv denkend und gestimmt. Und das soll ja der Seele zuträglicher sein als das Gegenteil!

Deshalb denkt positiv! Andernfalls drohen Depression, Missmut und Enttäuschung!! Und ein wenig hat man ja vielleicht doch erreicht, finde ich jedenfalls, die Welt ein bisschen schöner werden zu lassen. Und wenn es nur ein Lächeln ist, das wir hervorzaubern konnten!

Im Alter fährt man auf Sicht. Große Ziele sind zu wenig kalkulierbar und deshalb risikoreich!

Ich bin nun schon seit ca. drei Wochen aus dem Krankenhaus entlassen, habe jedoch an der Schulter immer noch Schmerzen, die trotz häufiger Physiotherapien und Schmerzmittel nur ganz langsam weichen. Dieser Zustand soll nach ca. sechs Wochen zum größten Teil vorbei sein, meinte der Chefarzt im Krankenhaus bei meiner Entlassung. Ich „arbeite" mit großer Ungeduld die restlichen drei Genesungswochen, die noch vor mir liegen, ab und hoffe zutiefst, dass die Prognose meines Chirurgen sich bewahrheitet. Warten wir´s ab!!
Vom Sternenhimmel sehe ich immer noch nichts, da ich in ein Zimmer in unserem Haus gezogen bin, das im Erdgeschoss liegt und ohne Treppe für mich bequem erreichbar ist, das aber nur einen Garten-, aber keinen Himmelsblick ermöglicht.
Meiner Stimmung nach müsste es sich heute um einen mond- und sternlosen Himmel handeln, denn ich hadere mit meinem Schicksal!

*

Nun plage ich mich schon über ein Jahr mit meinen Achillesfersen herum. Zunächst hatte die linke einen Einriss, der mir für zwei Monate das Tragen eines sog. „Schischuhs bis unters Knie, und zwar Tag und Nacht, aufzwang, dann aber Gott sei Dank wieder zusammenwuchs. Zwei Monate später ging dasselbe an der rechten Achillessehne los, was schließlich nach dem Totalriss im Januar 2019 zur OP führte mit nochmal drei Monate langer ambulanter Reha. Und dann stürzte ich vor ca. 3 Wochen und brach mir die linke Schulter. Wieder OP, wieder lange Rehabilitierungsmaßnahmen.

Letztes Jahr mussten wir schon drei im Voraus gebuchte Reisen stornieren, was jeweils trotz Reiserücktrittsversicherung viele Nerven, eine Menge Schreibkram kostete und auch einige hundert Euro nicht abgedeckten Verlustes einbrachte. Aufgrund dieser Erfahrung haben wir uns geschworen, nur mehr kurz vor dem geplanten Urlaub zu buchen, wobei wir dann natürlich meist nicht dorthin kommen,

wohin wir es uns eigentlich erträumt hatten. Anders geht es im Alter, aber vor allem mit angeknackster Gesundheit nicht! Früher dachte ich, dass dies nur ein Problem der über Neunzigjährigen wäre. Mein Gesundheitszustand lehrt mich jetzt aber etwas anderes. Plant man zu langfristig in die Zukunft, ist man in jedem Lebensalter vor unangenehmen Überraschungen nicht gefeit. Im Alter nimmt das diesbezügliche Risiko aber oft gewaltig zu. Dass dies bei mir schon im verhältnismäßig frühen Alter losgeht, habe ich früher wie so Vieles nie bedacht. Waren es früher noch die Eltern, wegen deren plötzlich einsetzenden gesundheitlichen Problemen wir so manche Reise stornieren mussten, so sind wir es nun selbst. So ist das Leben!
Was soll man machen?

Mit z. B. 30 Jahren hat man das Gefühl, man habe eine noch ewig lange Lebenszeit vor sich. Was kann ich noch in den realistischer Weise 50 Jahren, die ich noch vor mir habe alles tun? Verwirkliche ich meine Träume und Vorhaben nicht in diesem Jahr, stehen ja noch viele andere Jahre dafür zur Verfügung, denkt man als Junger! Und was ist in diesem Zeitraum von 50 Jahren schon ein einziges Jahr?! Vielleicht 2 % meines Lebens? Mit z.B. 70 Jahren sieht das aber schon ganz anders aus. Dann kann ein Jahr u. U. 100 % meines noch zu erwartenden Lebens sein, das ich womöglich vor mir habe!? Da kann man nicht so mir nix dir nix sagen, nach China oder nach Australien fahre ich erst in 10 Jahren, ich habe ja noch so viele Jahre vor mir! Wer im Alter so plant, bei dem kann es u.U. ein böses Erwachen geben, wenn der Arzt ihm vielleicht in naher Zukunft mitteilt: „Sie haben Krebs und nur mehr kurz zu leben!"

All das bedeutet, dass „Zeit" in den verschiedenen Lebensaltern eine ganz unterschiedliche Dimension hat. Und danach sollte man sich orientieren, wenn man im Alter etwas plant und dies auch noch erleben will.

Die Conclusio daraus ist:
Wenn du im Alter etwas planst, dann mache dich gleich an die Verwirklichung deines Traums!

Denn im Alter muss man „auf Sicht fahren", weil im Leben „nix fix" ist, wie die Österreicher so schön sagen, schon gar nicht im Alter!

Es gibt jedoch auch Leute, die obige Bedenken in den Wind schlagen und sagen, ich lebe im „Hier und Jetzt" und lasse mich durch Alter und Krankheit nicht davon abhalten, zu tun und zu lassen, was ich will. Durchaus möglich, dass dies funktioniert und man noch mehr vom „Leben einsaugen" kann. Zum Beispiel in einer neuen Beziehung mit einer weitaus jüngeren Frau oder einem weitaus jüngeren Mann oder einem fetzigen Sportwagen oder vielleicht mit einer Weltreise. Meine besten Wünsche, verbunden mit Neid, begleiten jeden, der sich so etwas zutraut. Man muss dann aber auch bereit sein, auf unseren Standard bei einem plötzlich notwendig gewordenen Krankenhausaufenthalt zum Beispiel in Afrika, Indien oder sonst wo in unterentwickelten Ländern zu verzichten. Man muss auch einkalkulieren, dass man in so einem Krankenhaus meist nicht europäisches Niveau erwarten kann. Und zu guter Letzt muss man bereit sein, bei der Rückkehr nicht über die Gangway das Flugzeug zu verlassen, sondern eventuell aus dem Gepäckraum im versiegelten Zinksarg.

Wem dies alles nichts ausmacht, kann und soll sofort starten!

Schade eigentlich, dass ich mir so etwas nicht traue!

Wir werden oft nach Strich und Faden belogen, aber keiner merkt es oder will es merken!

Seit einiger Zeit bin ich wieder ins gemeinsame Schlafzimmer im 1. Stock zurückgekehrt und so weit genesen, dass ich wieder um Mitternacht am Fenster stehen, die Nacht und den Nachthimmel beobachten und meine Gedanken laufen lassen kann. Es ist für mich ein wunderbares Gefühl, das ich so lange entbehren musste. Heute schaue ich in einen dunklen Nachthimmel. Keine Sterne, aber eine schmale Mondsichel, die an einigen Stellen durch den Wolkennebel durchschimmert. Weiße Wolkenfetzen treiben dahin, so dass man meinen könnte, der Mond eile mit hoher Geschwindigkeit über das Firmament. Und es ist ganz schön kalt, so dass ich fröstle.

*

Die Kälte lässt mich an die syrischen Flüchtlinge denken, die von den Türken geschickt, nun vor der verbarrikadierten Grenze zu Griechenland buchstäblich im Dreck ohne Dach über den Kopf biwakieren, frieren und hungern. Rauchbomben und Wasserwerfer von Seiten der Griechen tun das Übrige, um ihnen das Leben zur Hölle zu machen. Und Europa schaut zu. Es ist nur von Hilfe für Griechenland und dem Schließen der europäischen Grenzen, nicht aber von Hilfsmaßnahmen für die gequälten Flüchtlinge in der europäischen Politik die Rede! Sind das die humanitären Werte Europas? Nein, es ist die Schande Europas!

Dabei erfahren wir ja in den Medienberichten über diesen Skandal meist nur die Oberfläche der politischen Hintergründe. Die wahren Ursachen und Tatsachen, die geheimen Machtspiele und Waffenlieferungen sowie die tatsächlichen Interessen der beteiligten Mächtigen in Politik und Wirtschaft bleiben größtenteils im Dunklen oder werden uns mehr als Unwahrheit denn als Wahrheit kommuniziert.

Es handelt sich dabei aber nicht nur um Medienorgane wie z.B. die Bildzeitung oder verschiedene Gazetten, die uns täglich Halb-, Unwahrheiten oder sogar Lügen auftischen, es sind oftmals auch amtliche Hinweise auf Gefahren oder Medien verschiedenster privater oder staatlicher Einrichtungen, die den Bürgern „Sicherheit“ vorgaukeln wollen, wo keine ist. Ein sehr häufig hör- und lesbares Beispiel ist, wenn die Nachrichtenredaktion meldet, dass z. B. ein Kernkraftwerk defekt sei und deshalb abgeschaltet werden musste. Darauf sagt jedoch der Sprecher so gut wie immer: „Für die Anwohner bestand und besteht allerdings keine Gefahr!“ Außer einigen Insidern weiß hierbei kein Mensch, schon gar nicht die Bürgerschaft, was wirklich los ist.
Welcher Durchschnittsbürger weiß schon, wann, wo, in welcher Intensität und wie lange an den verschiedenen Atom-Meilern in Deutschland Radioaktivität ausgetreten ist, von den Atomkraftwerken des umgebenden Auslands ganz zu schweigen? Erst Jahrzehnte nach dem Supergau in Tschernobyl rückten die dortigen Verantwortlichen scheibchenweise mit den schrecklichen Nachrichten an die Bürger heraus, und dies meist nicht ganz freiwillig. Und es stellte sich heraus, dass damals die Bürger schlichtweg belogen wurden. Ob es bei uns anders wäre oder ist?! Wer möchte darauf eine Wette eingehen?

Ähnlich geheimnisvoll werden die Atomraketen behandelt, die von den Amerikanern noch immer in Ramstein auf deutschem Boden gelagert werden und ein tolles Ziel für einen Angreifer darstellen. Im Falle einer feindlichen Auseinandersetzung trifft die atomare Vergeltung nicht Amerika, sondern Deutschland, wo diese Atomraketen lagern.
Und mit derartigen Gedanken spielen seit einigen Jahren immer mehr Staatenlenker in Ost und West, weil der Wahnsinn der eingesetzten Atomraketen in Japan im 2. Weltkrieg in den Köpfen vieler Politiker, die diese Zeit nicht erlebt haben, nicht mehr genügend präsent ist. Nicht auszudenken, wenn elektronische Abwehrsysteme einen atomaren Fehlalarm auslösen, wie es zu Zeiten des kalten Krieges zumindest einmal bekannt geworden ist. Damals hat ein mutiger

Soldat dies verhindert, indem er eigenverantwortlich diese atomare Vernichtungsmaschinerie stoppte und dies auch verantwortete. Nicht immer sitzt aber so ein verantwortungsvoller Militär quasi am „roten Knopf“! Was ist dann?! Dem Bürger wird dies so weit es geht, vorenthalten, ihm wird „infiltriert“, alles ist sicher, es kann nichts passieren. Aber, wenn doch?!

Wie sehr unsere Regierung das wahre Ausmaß des deutschen Waffenexports und dessen Legalität verheimlicht oder herunterspielt, ist leider allgemein bekannt. Nur selten wird die Spitze des Eisbergs davon dem Bürger offenbar, wenn aus der Opposition entsprechende Anfragen gestartet werden. Dann wird etwas klarer, wie hier äußerst trickreich durch Waffenverschiebungen und andere kriminelle Machenschaften, wie z.B. Waffenlieferungen über Drittländer, „Pseudo-Legalität“ hergestellt wird. Dabei facht man dadurch Bürgerkriege und andere Gewaltexzesse an, die bald zum Stillstand kämen, wenn nicht immer von interessierter Seite weitere Waffen geliefert werden würden. Aber die Waffenindustrie schafft doch Arbeitsplätze ist das Totschlagargument und wenn wir es nicht tun, liefern andere! Über Waffenlieferungen und -schiebereien sprechen Politiker nicht gerne, schon gar nicht im Wahlkampf. Und wenn doch, dann meist dann, wenn durch undichte Stellen im „Apparat“ wieder einmal üble „Tricksereien“, ja sogar Fehlinformationen und Lügen, aufgekommen sind.
Leider haben die Politik und der Staat nicht genügend kreative Ideen und Mumm, wie man, wie es in der Bibel heißt, „Schwerter zu Pflugscharen“ machen könnte. Vorschläge hierfür gäbe es von Seiten der Friedensforschung genug. Man müsste sie nur mutig aufgreifen und umsetzen! Man braucht einen übermenschlichen Glauben, wenn man darauf hofft. Theologen haben für derartig aussichtslose Fälle den Ausdruck „Hoffnung wider alle Hoffnung“ geprägt. Da kann man nur darauf bauen, dass das Sprichwort stimmt, dass die Hoffnung zuletzt stirbt!

Ein weiteres brisantes Thema zur ohnehin schon vorhandenen Luftverunreinigung ist in jüngster Zeit erkannt worden, nämlich die

Luftverpestung durch „Ultrafeinstaub“, der von Autos, vor allem aber von Flugzeugen ausgestoßen wird. Von Seiten des Staates haben die Bürger nichts von dieser Gefahr erfahren! Es waren wieder einmal Bürgerinitiativen, die in ihrer Freizeit mit viel Einsatz und Engagement die Bürger informierten und gegen diese Art der Luftverschmutzung zu Felde zogen. Staatlicherseits war immer wieder zu hören, es gäbe keine geeigneten Messgeräte und vor allem auch keine festgelegten Obergrenzen und überhaupt…! Erst seit kurzem bewegen sich einige wenige Landesregierungen in Deutschland etwas, aber nur vereinzelt, sehr langsam und äußerst unzureichend. Dass der Staat dazu da ist, seine Bürger vor giftigen Schadstoffen zu schützen, wird hier oft ignoriert und in den Wind geschlagen. Flugzeuge und Autos sind eben wichtiger als die Gesundheit der Menschen. Na ja, es geht eben wieder um Arbeitsplätze, die natürlich äußerst wichtig sind.
Ob der Protest der Jugend, der sich in den letzten Monaten erfreulich aufbaute, auf Dauer Erfolg haben wird, steht in den Sternen, wäre jedoch absolut zu wünschen!

Ganz abgesehen davon, ist die Ernährungsindustrie und die Tierhaltung ein Eldorado für Geheimniskrämerei und Irreführung des Verbrauchers bzw. Abnehmers. Man müsste schon Ernährungswissenschaftler, Biologe oder Chemiker in einer Person sein und Zeit haben, sich den ganzen Tag damit zu beschäftigen, um herauszufinden, welche den Menschen schädigende Stoffe in Lebensmitteln versteckt sind und wie Tiere gehalten und geschlachtet werden, dass es einem beim Essen schlecht werden möchte. Der oft im Mund geführte Slogan „das sei ein regionales Produkt“ und deshalb besser als sonstige Produkte, sagt ja gar nichts aus, da ja auch die unmittelbare Region nicht frei von Schwindlern und Pantschern ist.

Gesunde Bio-Lebensmittel sind aber vergleichsweise viel teurer als die im Supermarkt ohne Biovermerk angebotenen, was wiederum eine soziale Schranke aufbaut. Denn wie soll eine „Hartz IV-Familie mit z.B. 4 Kindern diese teureren Nahrungsmittel bezahlen? Sie kann es nicht. Also muss sie sich mit oftmals sehr billigen, aber nicht immer schadstofffreien Industrienahrungsmitteln zufriedengeben. Geld macht natürlich nicht automatisch glücklich, bietet aber ein gesünderes und wahrscheinlich auch längeres Leben.: Wer reich ist, lebt länger, das ist in Studien nachgewiesen!

Für den Beobachter des gesellschaftlichen Lebens, für den diese vorher beschriebenen Probleme in Form von Verschleierungen, Halbwahrheiten oder gar Lügen bei großteils gefährlichen Vorgängen und Tatbeständen ein Problem darstellen, ist es nicht immer leicht, unbefangen und naiv fröhlich die Welt und das Leben zu genießen. Wer dies aber kann, sei es aus Dummheit, Uninformiertheit oder aufgrund gut funktionierender Verdrängungsmechanismen und Ideologien, der tut sich viel leichter im Leben. Er genießt viel unbefangener und hat weniger quälende Gedanken. Er wird auch von der Café-Terrasse vielleicht gemütlich, mit seiner Liebsten im Arm, zusehen, wenn auf dem Platz davor wieder einmal in seinen Augen unverbesserliche Krakeeler oder Spinner z.B. gegen Krieg, für Abrüstung oder gegen Tierquälereien protestieren. Die richten ja doch nichts aus, denkt er sich im positivsten Fall. Oder er denkt, da er das Problem nicht erkennen kann, dass dies ewige Randalierer sind, denen man Einhalt gebieten sollte, damit sie nicht weiterhin friedliche, Erholung suchende Bürger stören.

Mit der Erfolglosigkeit hat er leider zum Teil sogar recht, aber nicht immer! Wo stünden wir heute, wenn in der Vergangenheit Menschen nicht für die Menschenwürde, für die Gleichheit vor dem Gesetz, für Lohngerechtigkeit und vieles anderes, wovon wir heute alle ganz selbstverständlich profitieren, gekämpft hätten?
Wir würden sicher nicht in einer Demokratie wie der unsrigen leben, die trotz mancher Unzulänglichkeiten besser funktioniert als in vielen anderen Staaten der Welt. Sie wurde von verantwortlichen Menschen, oft mit einem hohen persönlichen Preis, geschaffen und bis heute am Leben gehalten. Wir müssten ihnen dankbar sein und sie unterstützen.

„Zuckerwatte“ im Leben eines Pensionärs

Heute ist der Nachthimmel immer noch verhangen und trüb. Und es ist wieder ziemlich kalt geworden, so dass ich mich bald vom geöffneten Schlafzimmerfenster ins Bett zurückziehe.

*

Ist das angenehm, denke ich mit einem wohligen Seufzer und versinke im weichen Bett. Das Bettpolster wärmt angenehm und gibt mir Geborgenheit, die durch die Anwesenheit meiner lieben Frau, die bereits schläft und mit ruhigen, gleichmäßigen Zügen atmet, noch verstärkt wird. Es ist jetzt ganz still und dunkel im Schlafzimmer. Und bald gleite ich in einen wohligen, tiefen Schlaf.

Um 8.00 Uhr „früh“ werden wir von unserem programmierten Radio geweckt. Wir möchten nämlich an Werktagen auch als Pensionäre nicht bis „ultimo“ schlafen, denn es gibt auch bei uns einiges zu tun! Zum Beispiel in meinem Verlag, aber auch in Haus und Garten. Aber langsam“! Gaaaaaaaanz laaaaaangsam! Zunächst mache ich einige Dehn- und Spannübungen im Bett und kuschele mich nochmals in meine Polster hinein, bis ich mich endlich entschließen kann, aufzustehen. Zähne putzen, Duschen, Rasieren und das Gesicht mit kaltem Wasser sowie mit Rasierwasser erfrischen, macht mich endgültig wach. Dann ein langes, gemütliches Frühstück.

So ungefähr drei Stunden dauert meine tägliche Arbeit im Verlagsbüro, die ich mir mit einer Tasse Tee oder Kaffee versüße, obwohl das gar nicht nötig wäre, da mir diese Arbeit viel Freude macht und mir das Gefühl vermittelt, dass ich noch ein wenig am beruflichen und gesellschaftlichen Leben beteiligt bin.

Meine Frau kümmert sich inzwischen meist um unseren Haushalt, soweit unsere Zugehfrau bzw. unser Helfer im Garten nicht alles erledigen konnte, da sie nur je einen halben Tag pro Woche zu uns kommen. Meist liest meine Frau jedoch sehr gerne und schreibt gelegentlich auch selbst Bücher oder Kurzgeschichten. Sie ist aber auch als Lektorin sowie als „Ghostwriterin“ in meinem Verlag tätig.

Damit wir aber nicht ganz einrosten, unternehmen wir auch häufig einen Spaziergang am späteren Nachmittag, falls es das Wetter zulässt. Bei schönem Wetter entschließen wir uns mehrmals im Monat zu Tagesausflügen ins Gebirge, in den Bayerischen Wald, an einen See im Voralpenland oder in meine niederbayerische Heimat.

Wenn wir aber zuhause geblieben sind und nicht in einem Restaurant unseres jeweiligen Ausflugsziels gegessen haben, wird es nun spannend. Denn wir müssen uns entscheiden, was gekocht wird. Dies ist bei uns Zweien nicht immer einfach, weil wir meist sehr unterschiedliche Vorstellungen haben, was auf den Tisch kommen soll. Da dieser Entscheidungsprozess oftmals schon sehr lange dauert und nicht selten mit Streit verbunden ist, erfanden wir eine salomonische Lösung. Jeden Tag kocht ein anderer, der dann bestimmen kann, was gekocht wird. Hierbei muss er den anderen nicht fragen, was der gerne essen würde. Nur allein der jeweilige „Küchenchef“ bestimmt. In diesem Fall muss er aber auch selbst alle Zutaten einkaufen, das Gericht alleine zubereiten, den Tisch decken und auch später aufräumen. Bis spätestens 8.00 Uhr am darauffolgenden Morgen muss das Geschirr abgewaschen, abgetrocknet und eingeräumt sein sowie die ganze Küche wieder ordentlich an den nächsten „Kochchef“ übergeben werden. Diese Regelung hat sich bei uns sehr bewährt!

Manchmal, wenn ich nicht „Chefkoch“ bin, mache ich ein kleines Nickerchen nach dem Abendessen, aber nur ein „Viertelstündchen“.

Die Zeit bis zum Bettgehen vergeht allzu schnell mit Ratschen, Fernsehen oder Lesen. Vor dem Schlafen sollte aber immer so viel Zeit übrigbleiben, dass ich meiner Frau etwas aus einem gemeinsam ausgewählten Buch vorlesen kann. Sie hat nämlich mit ihren Augen, nach mehreren größeren Eingriffen, Probleme beim Lesen,

besonders bei künstlichem Licht. Manchmal schläft sie während meines Vorlesens ein, aber nicht, weil ich so ein schlechter, langweiliger Leser bin, das hoffe ich wenigstens, sondern weil sie müde ist oder die Monotonie der gelesenen Worte sie müde macht.
Da ich meine „Vorlesung" beenden muss, wenn sie schläft, weil sie mich ansonsten am nächsten Tag beschuldigt, ich hätte still weiter gelesen und sie um einen wesentlichen Teil des Buches „betrogen", teste ich nach einer Weile Lesen immer wieder, ob sie schon eingeschlafen ist, indem ich einige Male „Kuckuck" oder „BlaBla-Bla" rufe. Wenn sie daraufhin mit „Nix-BlaBlaBla" oder „Nix Kuckuck" antwortet, muss ich weiterlesen, bis sie auf meine Zurufe nicht mehr antwortet, weil sie nun doch eingeschlafen ist.

Nun hat **meine Stunde** geschlagen! Ich beziehe meine Position am geöffneten Schlafzimmerfenster und lasse meinen Gedanken mit Blick in die Nacht freien Lauf. Dies ist für mich eine der schönsten Stunden des Tages.

Natürlich ist nicht jeder Tag bei uns Pensionisten so „süß" und „schön" wie „Zuckerwatte". Denn selbstverständlich hat ein Pensionär auch Termine und nicht zu knapp, nämlich bei Ärzten, Zahnärzten, bei Physiotherapeuten, bei Proktologen und Podologen und natürlich, falls noch Haare vorhanden sind, beim Frisör. Das alles ist gerade nicht nur schön, aber doch zu bewältigen, so lange man seinen Verstand beieinander hat und noch selbst Auto fahren kann, also mobil ist. Wenn man dies aber einmal nicht mehr ist, dann beginnen die bereits erwähnten und von mir so bezeichneten „Mansardenjahre", die einem viel Mut, Tapferkeit und Anstrengung abfordern. Und irgendwann kommt man an die letzte Grenze, die man überschreiten muss und dies ohne Wiederkehr!

„Heid schaun de Madln wia Epfe aus, heid is a glosiger Dog!“ *

** Songtitel von Konstantin Wecker.*

Die sternenklare Nacht erscheint heute Abend ebenso herrlich, wie der heutige wunderschöne, sonnendurchflutete Spätsommertag. Ganz früh am Morgen war es noch sehr frisch, aber schon am späten Vormittag gleißte die Sonne pur vom blauen Himmel. Kein Wölkchen trübte den Blick zum Himmel, eine Spur von Leichtigkeit lag in der nach reifen Früchten duftenden Luft. So einen Tag hatte wohl Konstantin Wecker im Auge, als er den Song ersann und komponierte, dessen Refrain lautet: „Heid schaun de Madln wia Epfe aus, heid is a glosiger Dog!“ Treffender und mit noch mehr Gefühlssicherheit kann man wohl das Feeling eines so herrlichen Tages nicht einfangen. Und diese Stimmung klingt jetzt in der Nacht fort, die noch sommerlich warm, nach Obstbäumen und Heu duftet. Der Nachthimmel strahlt mit einer Fülle von kleinen und großen, hell leuchtenden Sternen wie das Pendant zum strahlend gleißenden Tag.

*

Am Nachmittag saß ich heute nicht wie sonst im Verlagsbüro, sondern mit meiner Frau bei strahlendem Sonnenschein in unserem eingewachsenen Garten mit hohen, Schatten spendenden Bäumen, blühenden Sträuchern und einigen bunten Blumenrondellen, die von unserem Kletterrosen umschlungenen, weißen Pavillon gekrönt werden. Ich denke mir, wie wunderbar es ist, so einen herrlichen Garten zu besitzen, in dem es drei Hausterrassen gibt, die zum Verweilen einladen und die es ermöglichen, den ganzen Tag wählen zu können, ob man im Schatten oder in der Sonne sitzen möchte.

Das auf uns vom Architekten zugeschnittene und dementsprechend gestaltete Haus tut das Übrige dazu, dass wir uns in Garten und Haus sehr wohlfühlen, uns sogar darin beschützt vorkommen, wie in einem großen, sicheren Schiff, das ruhig das oftmals stürmisch aufgewühlte „Lebensmeer" durchpflügt und allen stürmischen Wogen standhält. Für uns ist dies eine Art „Arche-Noah-Gefühl".

Wir haben zwar das Haus gebaut, den Garten angelegt und das Darlehen für den Hausbau aus eigener Kraft abbezahlt. Trotzdem empfinden wir es nicht nur als eigene Leistung, sondern auch als ganz besonderes Glück, dass wir so leben dürfen. Weder meiner Frau noch mir war das als Unterschichten- und Flüchtlingskindern in die Wiege gelegt. Glück, Begabung, nach Karriere strebender Fleiß, aber ganz besonders auch wohlmeinende, verantwortungsvolle Menschen haben uns auf diesen Weg geführt und begleitet.

Wir hatten Glück und der Zufall wollte es, dass wir in Europa geboren wurden und bisher schon über 70 Jahre im Frieden leben durften. Hätte uns der Zufall in Afrika, Asien oder Lateinamerika aufwachsen lassen, wäre unser Leben sicher weniger sorglos und viel weniger angenehm verlaufen. Vielleicht vegetierten wir jetzt in einem der schrecklichen Flüchtlingslager im Libanon oder in der Türkei dahin? Oder wir stünden vielleicht jetzt in Dreck und Elend an den verbarrikadierten Grenzen Europas als Flüchtlinge, die mit Rauchbomben und Wasserwerfern zurückgedrängt werden, chancenlos und ohne Zukunft und ohne Schuld an der eigenen Situation.

Sehr viele in Europa haben dagegen so wie wir das Glück, grenzenlos reisen zu dürfen, Urlaube in fernen Ländern sich leisten zu können und in Wohlstand zu leben. Deshalb sollten wir uns besonders gegen das schreiende Unrecht in der Welt engagieren. Wir müssen aber deshalb nicht in Sack und Asche herumlaufen. Wir dürfen und sollen unser Leben genießen, ohne dabei aber das Leid und die Ungerechtigkeit dieser Welt zu vergessen. Denn der Genuss in allen Facetten zählt m. E. zum wesentlichen Lebenssinn, soweit dies natürlich möglich ist.

Ständig gebannt auf das Ende des Lebens, also den Tod, zu starren, ist sicher kein guter Weg, schon gar nicht im Alter, will man sich nicht alles, was man noch und trotzdem genießen kann, vermiesen.

Daran demütig denken, dass man endlich und nur ein kleines Staubkörnchen in der Welt ist, ja! Auch sich damit abfinden, dass der Tod vielleicht der absolute Schlusspunkt im Leben ist, ja!

Aber, um dies positiv zu bewältigen, sollte man ganz zuversichtlich, ja sogar optimistisch leben und nicht dauernd an das Ende denken und in Depression und Inaktivität verfallen, denn das verbaut einem das, was eventuell noch an Schönem auf einen zukommt. Ich halte es da lieber mit der Martin Luther zugeschriebenen Antwort auf die Frage, was er tun würde, wenn morgen die Welt unterginge.
Er sagte: „Dann würde ich heute noch ein Apfelbäumchen pflanzen."

Und auch der bereits zitierte Satz des protestantischen Theologen Dr. Dieter Bonhoeffer, den er aus der Todeszelle des NS-Regimes im 2. Weltkrieg in Berlin schrieb, weist meiner Meinung nach die Richtung für ein engagiertes, erfülltes und sinnvolles Leben bis zum Tod:

"Mag sein, dass der Jüngste Tag morgen anbricht, dann wollen wir gerne die Arbeit für eine bessere Zukunft aus der Hand legen, vorher aber nicht."

Packen wir es mit Mut, Lust und Zuversicht an, so lange noch Zeit ist! Dann wird man vielleicht auch einen Hauch von dem „glosigen Dog" und den „Madln erspüren, die heid wia Epfe ausschaun", wie es Konstantin Wecker so herrlich besungen hat.

Schlusswort

Meine Seele hat es eilig *[1]

Ich habe meine Jahre gezählt und festgestellt, dass ich weniger Zeit habe, zu leben, als ich bisher gelebt habe.
Ich fühle mich wie dieses Kind, das eine Schachtel Bonbons gewonnen hat: die ersten isst es mit Vergnügen, aber als es merkt, dass nur noch wenige übrig sind, begann es, sie wirklich zu genießen.
Ich habe keine Zeit für endlose Konferenzen, bei denen die Statuten, Regeln, Verfahren und internen Vorschriften besprochen werden, in dem Wissen, dass nichts erreicht wird.
Ich habe keine Zeit mehr, absurde Menschen zu ertragen, die ungeachtet ihres Alters nicht „gewachsen" sind.
Ich habe keine Zeit mehr, mit Mittelmäßigkeiten zu kämpfen.
Ich will nicht in Besprechungen sein, in denen aufgeblasene Egos aufmarschieren.
Ich vertrage keine Manipulierer und Opportunisten.
Mich stören die Neider, die versuchen, Fähigere in Verruf zu bringen, um sich ihrer Positionen, Talente und Erfolge zu bemächtigen.
Meine Zeit ist zu kurz um Überschriften zu diskutieren. Ich will das Wesentliche, denn meine Seele ist in Eile. Ohne viele Süßigkeiten in der Packung.

Ich möchte mit Menschen leben, die sehr menschlich sind.
Menschen, die über ihre Fehler lachen können, die sich nichts auf ihre Erfolge einbilden.
Die sich nicht vorzeitig berufen fühlen und die nicht vor ihrer Verantwortung fliehen.
Die die menschliche Würde verteidigen und die nur an der Seite der Wahrheit und Rechtschaffenheit gehen möchten.
Es ist das, was das Leben lebenswert macht.
Ich möchte mich mit Menschen umgeben, die es verstehen, die Herzen anderer zu berühren.

---

[1] Autor nicht auffindbar

Menschen, die durch die harten Schläge des Lebens ernten, durch sanfte Berührungen der Seele zu wachsen.

Ja, ich habe es eilig, ich habe es eilig, mit der Intensität zu leben, die nur die Reife geben kann.
Ich versuche, keine der Süßigkeiten, die mir noch bleiben, zu verschwenden.
Ich bin mir sicher, dass sie köstlicher sein werden, als die, die ich bereits gegessen habe.
Mein Ziel ist es, das Ende zufrieden zu erreichen, in Frieden mit mir, meinen Lieben und meinem Gewissen.
Wir haben zwei Leben und das zweite beginnt, wenn du erkennst, dass du nur eins hast.